第一篇

浙江省公路工程勘察设计招标文件编制须知

交通运输部于2010年12月14日以交公路发〔2010〕742号文发布了《公路工程标准勘察设计招标资格预审文件》和《公路工程标准勘察设计招标文件》（以下简称《公路设计招标标准文件》），并明确自2011年3月1日起施行。

为了认真贯彻交通运输部的通知精神，进一步加强对浙江省公路工程勘察设计招标、投标的管理，规范浙江省公路勘察设计招标文件的编制和评标工作，根据《公路设计招标标准文件》的内容和要求，结合浙江省招标的实际情况，特编制《浙江省公路工程勘察设计招标文件编制办法》（2012年版）（以下简称《编制办法》），统一规范招标文件的编制，以提高招标文件编制的质量和效率。

一、招标文件的组成

《编制办法》中的《浙江省公路工程勘察设计招标资格预审文件范本》和《浙江省公路工程勘察设计招标文件范本》（以下简称《招标文件范本》）是浙江省公路工程勘察设计招标的规范性文件。《招标文件范本》的内容应纳入项目专用公路工程勘察设计招标资格预审文件和招标文件。

招标人在编制项目专用的公路工程勘察设计招标资格预审文件和招标文件时，可根据各项目的地理环境、项目性质、工程规模、技术标准、前期要求等的不同特点，对有关章、节、条、款、项、目进行适当的补充、细化和约定。除另有说明外，补充和细化的内容不得与正文内容相抵触。

二、招标文件的编制依据

（1）《中华人民共和国招标投标法》；

（2）《中华人民共和国招标投标法实施条例》；

（3）《浙江省招标投标条例》；

（4）《公路工程标准勘察设计招标资格预审文件》、《公路工程标准勘察设计招标文件》（交公路发〔2010〕742号）；

（5）《关于进一步加强公路勘察设计工作的若干意见》（交公路发〔2011〕504号）；

（6）交通运输部颁布的有关公路工程勘察设计招投标的文件和规定；

（7）浙江省交通运输厅颁发的有关公路工程勘察设计招投标的文件和要求；

（8）项目的工程可行性研究报告及有关主管部门的批复文件。

三、招标文件应明确的主要内容

根据招标文件编制依据，结合浙江省实际，提出下列有关内容，供招标人根据项目特点在编制项目专用《公路工程勘察设计招标文件》时明确和选用。

1.招标范围

（1）除法律、法规另有规定外，勘察设计服务费在50万元以上的项目，必须进行工程勘察设计招标。未经招标的项目,管理部门不得组织设计审查。

(2)公路工程勘察设计招标原则上实行勘察、初步设计、技术设计(如需要)、施工图设计一次性招标。特大桥梁、长大隧道等技术特别复杂、有特殊要求的关键工程可增加方案招标或单独招标。

(3)公路工程勘察设计招标原则上应包括土建、交通工程及沿线设施勘察设计、后续服务等全部内容。

2. 招标方式

(1)公开招标。除特殊情况外,浙江省公路项目的勘察设计一般应实行公开招标(含资格后审或资格预审)。

(2)邀请招标。有下列情况之一的,可实行邀请招标:

①技术复杂、有特殊要求或者受自然环境限制,只有少量潜在投标人可供选择;

②采用公开招标方式的费用占项目合同金额的比例过大;

③法律、法规规定不适宜公开招标的其他情形。

采用邀请招标方式的,招标人应当向三个以上具备承担招标项目的能力、信誉良好的特定的法人或者其他组织发出投标邀请书。

属于省重点工程建设项目的,其邀请招标应当经省人民政府批准;其他项目,其邀请招标应当经项目审批部门核准。

3. 标段划分

划分标段应有利于设计人合理组织勘察设计和合理投入,标段不宜过小或过大。原则上,高速公路以 50 ~ 70km 为宜;独立桥梁工程中,主桥部分不得再划分标段;其他公路工程以一个标段为宜。原则上不得将勘察与设计分离进行招标。

一个项目分两个及以上标段招标的,招标人应明确其中一个标段的中标人为全线总体勘察设计的设计人,负责全线勘察设计工作的相互协调及合理衔接、统一勘察设计原则和汇总等。招标人对总体设计的内容和要求、费用应予以明确。

4. 质量目标

勘察设计招标以设计工作综合评价分值作为质量目标要求。

质量目标应在“投标人须知前附表”及“专用合同条款”中予以明确和规定。

5. 勘察设计周期

勘察设计周期设置应当合理,必须保证勘察设计质量要求。

对高速公路和较复杂的山区国省道公路,初步设计有效工作周期一般不少于 120 个工作日,施工图设计有效工作周期不少于 180 个工作日,初步设计和施工图阶段的勘测、勘察全部外业作业不得少于有效工作周期的 30%。应明确主要工作阶段的时间节点为:总体勘察设计大纲及外业勘测与地质勘察指导书提交的时间、外业勘察与勘察验收时间、初步设计送审稿提供的时间、施工图审查送审稿提供的时间。其他国省道公路项目初步设计有效工作周期一般应不少于60个工作日，施工图设计有效工作周期应不少于90个工作日。对地形、地质条件及工程方案复杂的项目，设计周期应根据实际情况相应增加。

6. 招、投标时间安排

招、投标工作应按有关法定程序有序进行，招、投标活动的时间安排应执行有关规定，特殊情况应取得交通运输主管部门同意。具体规定如下：

(1)自资格预审文件或招标文件出售之日起至停止出售之日止，不得少于5个工作日；

(2)依法必须进行招标的项目提交资格预审申请文件的时间，自资格预审文件停止发售之日起不得少于5日；

(3)提交投标文件的时间自招标文件开始发出之日起至投标人提交投标文件截止时间止，不得少于20日；

(4)投标文件有效期一般为90日；

(5)开标应当在招标文件确定的提交投标文件截止时间的同一时间、同一地点公开进行；

(6)招标人一般应在开标后15日内确定中标人，最迟应在投标有效期结束日30日前确定；

(7)招标人和中标人应自中标通知书发出之日起30日内签订合同协议书；

(8)投标保证金有效期应当与投标有效期一致。

7. 招标相关的费用

招标费用要合情合理，统一规定，具体如下：

(1)资格预审文件售价应控制在500元以内；

(2)招标文件，根据公路等级、合同额大小和技术含量，每套收成本费不超过1000元，工可报告和参考资料每套成本费不超过500元；

(3)踏勘现场等费用由投标人自理。

8. 勘察设计费用限额

(1)采用综合评估法Ⅰ的，发包人按合同价向设计人实际支付的勘察设计费，不得高于初步设计审批概算中勘察设计费的审批额；

(2)采用综合评估法Ⅱ的，发包人应按给定的固定勘察设计费及合同约定的调整金额(如有)向设计人进行支付。发包人应与有关部门做好衔接，确保固定勘察设计费不高于初步设计概算中勘察设计费的审批额。

9. 勘察设计技术标准与规范

《浙江省公路工程勘察设计招标文件范本》列出了常用的公路工程勘察设计技术标

准与规范,招标人可根据项目实际另行补充相关勘察设计技术标准与规范。

10. 评标委员会的组建

评标委员会人数为 5 人及以上单数(省重点工程按有关规定办理)。评标委员会成员(包括招标人代表)不得与投标人有利害关系。

招标人只允许派 1 名代表参加,并以 1:2的人数报行政监督部门随机抽取产生,且招标人代表不得担任评标委员会主任。

省重点工程和厅备案的项目的评标专家从省综合评标专家库(公路工程专业)中抽取。由国家发改委审批、核准的项目,评标专家应从交通运输部评标专家库中抽取。

11. 资格审查

公路工程勘察设计招标实行资格审查制度。资格审查分资格预审和资格后审两种方式,一般宜采用资格后审方式。

资格预审是招标人在发布资格预审公告后,发出投标邀请书前对潜在投标人的资质、信誉、业绩和能力的审查。招标人只向资格预审合格的潜在投标人发出投标邀请书、发售招标文件。

资格后审是招标人在开标后,对投标人的资质、信誉、业绩和能力进行审查。采用资格后审时,招标文件必须附有资格审查条件。

12. 投标人资格条件

招标人招标时应严格按照国家有关勘察设计单位资质管理的规定,不得随意提高资质等级要求或让没有资质的单位参加投标,单位的资质等级要求应与工程规模相适应。招标文件中的资格审查条件(最低要求)应与招标标段的工程规模相适应,不得随意提高或降低。

设计甲、乙级资质的投标人应列入全国公路建设市场信用信息管理系统中的设计资质企业名录,且投标人名称与最新公布的全国公路建设市场信用信息管理系统中的名录相符。对于未进入名录或名称与名录不符的投标人,不得通过资格审查。

(1)投标人必须完全符合资格审查条件要求。

(2)是否接受联合体形式投标:

①若招标人接受联合体形式投标,则对联合体成员数量、各方资质、牵头人及各自职责等要求的规定应根据项目要求,在招标公告、“投标人须知前附表”中作适当补充;联合体牵头人应具备公路行业设计资质。

②若招标人不接受联合体形式投标,则应在招标公告、“投标人须知前附表”中明确。

除特大桥梁、长大隧道等技术特别复杂、有特殊要求的关键工程外,一般不接受同时具备招标要求各项资质的投标人组成的联合体。

根据《中华人民共和国招标投标法》第 31 条关于“联合体各方均应具备承担招标项

目的相应能力”的规定,由同一专业的法人或者组织组成的联合体,该项专业资质按联合体成员内承担该专业任务资质等级低的确定。考核资格条件应以联合体协议书中规定的分工为依据,不承担联合体协议有关专业工程的成员,其相应的专业资质不作为该联合体成员中同一专业单位的资质进行考核。如:某工程需要勘察甲级及设计甲级资质。某两个单位组成联合体,其中甲单位具有勘察乙级、设计甲级,乙单位具有勘察甲级和设计乙级资质。根据联合体协议书分工,甲单位承担设计工作,乙单位只承担勘察工作。因此,在核定该联合体的资质时,对勘察部分,只考核乙单位的勘察资质,甲单位的勘察资质不参加考核;对设计部分,只考核甲单位的资质,乙单位的资质不参加考核。该联合体资质即为勘察甲级及设计甲级资质。

(3)是否允许分包:

①是否允许分包,应在“投标人须知前附表”中明确。

②若允许分包,则应对分包人的资质、业绩及分包范围、分包工作量等提出要求,并在“投标人须知前附表”中作适当补充。

13. 评标办法和投标文件形式

(1)勘察设计招标评标办法分综合评估法Ⅰ和综合评估法Ⅱ,一般采用综合评估法Ⅰ。

(2)投标文件形式分“双信封”和“单信封”形式。

(3)采用综合评估法Ⅰ的,投标文件应采用双信封形式;采用综合评估法Ⅱ的,投标文件应采用单信封形式。

(4)采用综合评估法Ⅰ的,第一信封(商务及技术文件)的评分值总和一般为90分,其中商务文件各评审因素的评分值合计范围为35~55分,技术文件各评审因素的评分值合计范围为35~55分。招标人可根据项目具体情况,在上述评分范围内自行确定商务文件和技术文件各评审因素所占的评分满分值;对于技术特别复杂的特大桥梁、长大隧道项目,或者地质、地形条件特别复杂的公路项目,评分应以技术文件为主;其他项目评分应以商务文件为主。第二信封(报价清单)的评分值一般为10分。各评审因素(投标价除外)得分均不应低于其评分满分值的60%,且各评审因素得分应以评标委员会各成员的打分平均值确定,该平均值以去掉一个最高分和一个最低分后计算。

(5)评标基准价。

采用综合评估法Ⅰ的,应设置评标基准价。

评标基准价的确定:按第一信封(商务及技术文件)评审得分由高到低的顺序,对投标人的第二信封(报价清单)通过初步评审,且经算术性修正后投标报价不低于最高限价的60%(含)的前三名(若不足三名,则选取相应数量)投标人投标报价作算术平均,将该平均值作为评标基准价。

14. 投标文件的构成

(1)采用综合评估法Ⅰ的,投标文件由“第一卷　商务文件”、“第二卷　技术文件”

及“第三卷　报价清单”构成。投标文件采用双信封密封,第一个信封内为商务文件和技术文件,第二个信封内为报价清单。第一个信封和第二个信封应分别开标。

(2)采用综合评估法Ⅱ的,投标文件由“第一卷　商务文件”、“第二卷　技术文件”构成。投标文件采用单信封密封。

投标文件的编制要求、包装方式和标记、开标程序等,在招标文件的“投标人须知”正文中未予明确的,均应在“投标人须知前附表”中明确。

15. 投标价

(1)投标价应包括投标人完成本招标项目勘察设计所有工作量和提供全套勘察设计文件(包括勘测勘察外业事先指导书,初测、初勘报告,定测、详勘报告,项目施工专用技术规范,初步设计概算,修正概算(如需要),分阶段施工图预算编制及全部基础资料)、施工招标图纸(包括机电工程施工图补充设计、房建工程装饰装修设计)、工程量清单、项目施工专用技术规范及后续服务的全部费用。

(2)投标人应根据《工程勘察设计收费标准》的相关规定以及招标文件规定的勘察设计工作内容和计划工作量,自行测算勘察设计费用。

(3)采用综合评估法Ⅰ的,投标人应按第六章“投标文件格式”中的“第三卷　报价清单”的要求填写相应表格。招标人设有最高投标限价的,应在“投标人须知前附表”中明确(或在投标截止时间7天前公布);同时,本项目投标人的投标报价不得高于招标人公布的最高投标限价,否则作废标处理。

(4)采用综合评估法Ⅱ的,招标人应在“投标人须知前附表”中公布本项目的固定勘察设计费。投标人应按招标人公布的固定勘察设计费在投标函中填报;投标人未按固定勘察设计费填报的,作废标处理。

16. 开标方式

(1)评标办法采用综合评估法Ⅰ的,采用双信封形式,开标分两次进行。第一次开标时,按“投标人须知前附表”规定的时间和地点进行开标,由监标人或投标人代表检查投标文件的密封情况,经确认无误后,当众拆封投标文件的第一个信封(商务及技术文件),公布投标人名称、标段名称、投标函的相关内容,并记录在案。投标文件中的第二个信封(报价清单)不予拆封,并交监标人密封保存。

评标委员会对投标文件第一个信封进行详细评审后,按“投标人须知前附表”规定的时间和地点进行第二个信封开标。当众拆开投标文件第一信封(商务及技术文件)评审结果的密封袋,宣布通过投标文件第一信封(商务及技术文件)评审的投标人名单,按照宣布的开标顺序对通过投标人第一信封(商务及技术文件)评审的投标文件第二信封(报价清单)当众开标,公布投标文件第二信封(报价清单)的投标人名称、标段名称、投标报价,并记录在案。

(2)评标办法采用综合评估法Ⅱ的,采用单信封形式,开标一次进行。按“投标人须知前附表”规定的时间和地点进行开标,由监标人或投标人代表检查投标文件的密封情况，经确认无误后，当众拆封投标文件，公布投标人名称、标段名称、投标报价、投标函的相关内容，并记录在案。

(3)若招标人宣读的内容与投标文件不符，投标人有权在开标现场提出异议，经监标人当场核查确认之后，可重新宣读其投标文件。若投标人现场未提出异议，则认为投标人已确认招标人宣读的内容。

(4)投标人若未派法定代表人或授权代理人出席开标活动，或未在开标记录上签字，视为该投标人默认开标结果。

17. 投标保证金

(1)投标保证金应按招标人规定的固定金额计列。保证金数额不超过预估中标价的2%，应在“投标人须知前附表”中明确。

(2)投标保证金形式可采用投标银行保函、银行汇票、电汇等，不宜交纳现金，一般宜采用银行汇票。

采用银行汇票、电汇的，投标人应在“投标人须知前附表”规定的投标保证金递交截止时间之前，将投标保证金由投标人的基本账户一次性汇入招标人指定账户，否则视为投标保证金无效。

18. 投标人陈述

勘察设计招标一般不设置陈述程序。如招标人要求投标人进行陈述，则应在“评标办法前附表”补充有关陈述的要求。陈述内容一般与技术建议书内容相对应，陈述人一般为项目负责人，陈述时间一般不超过15分钟。

19. 评标价

招标人开标时宣布的投标人的最终报价即为其评标价。

投标人的投标报价(文字表示的金额)一经开标宣布，无论何种原因，不得修改。

当数字表示的金额与文字表示的金额有差异时，以文字表示的金额为准。

20. 结果公示

评标结束后，招标人应将评标结果、废标依据在招标公告发布的网站公示，公示期不得少于3天。

21. 行贿查询

对公示的推荐中标候选人和拟委任的项目负责人，招标人将向检察机关职务犯罪预防部门进行行贿犯罪档案查询。查实推荐中标候选人或拟委任的项目负责人近三年有行贿犯罪行为的(以法院判决书认定行为和出具的时间为准)，则取消该中标候选人的中标资格。

22. 履约担保

(1)担保金额：一般为签约合同价的5%。

(2)担保内容:应是对设计人所有履约行为的全面担保。

(3)担保形式:履约担保一般应采用银行履约保函形式。银行履约保函应由中标人从县(区、市)级支行及以上银行开具,并保证其有效。

(4)担保时间:应在发包人签收最后一批勘察设计成果文件之前一直有效。

上述内容应在"专用合同条款"中予以规定。

23. 勘察设计预付款

勘察设计预付款一般为勘察设计费用(即签约合同价扣除暂列金额,下同)的 10%。预付款抵作勘察设计费,不再扣回。

24. 签约合同价

采用综合评估法Ⅰ的,其签约合同价确定原则如下:

(1)按照评标办法规定对投标报价进行修正后,若修正后的最终投标报价小于第二信封开标时的报价函文字报价,则签订合同时以修正后的最终投标报价为准。

(2)按照评标办法规定对投标报价进行修正后,若修正后的最终投标报价大于第二信封开标时的报价函文字报价,则签订合同时以开标时的报价函文字报价为准,同时按比例修正相应子目的单价或合价。

25. 勘察设计质量责任合同

对于浙江省所有公路建设项目,项目发包人与设计人在签订勘察设计合同的同时应签订《勘察设计质量责任合同》。《勘察设计质量责任合同》的格式应附在招标文件中。

26. 投标补偿

勘察设计招标一般不设置投标补偿。对特大桥梁、长大隧道等技术特别复杂、有特殊要求的关键工程的勘察设计或方案招标,可对未中标投标人进行适当补偿。

对未中标人是否进行补偿可在招标公告(投标邀请书)及"投标人须知前附表"中予以明确。

27. 计价模式与付款方式

勘察设计工作计价模式分为固定总价和固定单价模式。一般采用固定总价模式。

固定总价勘察设计费用支付阶段如下:

(1)合同签署后 28 天内,发包人向设计人支付勘察设计费用的 10% 作为预付款(本合同履行后,预付款抵作勘察设计费,不再扣回)。

(2)初步设计文件按期完成后送至发包人处,经发包人或上级主管部门审查、批准后,支付勘察设计费用的 30%,累计支付勘察设计费用的 40%。

(3)主体土建工程施工图设计文件按期完成后并送至发包人处,经发包人或上级主管部门审查、批准后，支付勘察设计费用的 20%，累计支付勘察设计费用的 60%。

(4)主体土建工程施工招标图纸、参考资料、工程量清单及施工专用技术规范按期完成后并送至发包人处，发包人施工招标完成并与施工单位签订施工合同之后，支付勘察设计费用的 5%，累计支付勘察设计费用的 65%。

(5)全部工程施工图设计文件均按期完成并送至发包人处，经发包人或上级主管部门审查、批准后，支付勘察设计费用的 10%。

(6)全部工程施工招标图纸、参考资料、工程量清单及施工专用技术规范按期完成后并送至发包人处，发包人施工招标完成并与施工单位签订施工合同之后，支付勘察设计费用的 5%。

(7)施工配合期支付勘察设计费用的 15%，按施工工期分年度平均支付，在各年度末支付。

(8)本项目交工证书签发后 28 天内，发包人向设计人退还质量保证金。

固定单价模式的费用支付方式由招标人根据交通运输部《公路设计招标标准文件》中合同条款的有关要求自行确定。

上述内容应在“专用合同条款”中予以规定。

28. 勘察设计费用的调整

(1)在合同实施期间，勘察设计费是否因国家政策调整或新颁法律、法规、标准的发布或市场因素变化而调整，应在专用合同条款中明确。

(2)在合同实施期间，建设规模及技术标准发生变化，导致工可经主管部门重新批准的，勘察设计费用由双方另行协商。

29. 发包人违约

(1)由于发包人变更勘察设计项目、规模、条件，或未按合同规定提供勘察设计必需的资料，而造成勘察设计的返工、停工、窝工或修改设计，发包人应按设计人实际消耗的工作量增付费用；由于发包人要求提前完成勘察设计工作而导致增加的人员和费用，应另行计列。

(2)发包人超过合同规定的日期支付费用的，应偿付逾期的违约金。如果在规定的时间内设计人没有收到付款时，则每延期 1 天，发包人应付给设计人拖欠金额一定比例的违约金，该比例不低于央行六个月以内短期贷款基准利率加手续费。招标人不能自行取消或降低违约金比例。

(3)在合同履行期间，发包人要求终止或解除合同的(但并非设计人原因造成)，发包人除应按设计人完成的实际工作量支付费用外，还应按剩余合同价的 5% ~10% 向设计人支付违约金。

30. 设计人违约

为了确保勘察设计工作的进度和质量目标，督促设计人认真履行合同，有必要在

“专用合同条款”中采用课以违约金的方式对设计人的违约行为予以处理。

所有需要对设计人作违约处理的条款应在“设计人违约”中予以明确,相对应的违约处理也应逐条明确。主要违约处理统一规定如下:

(1)设计人将勘察设计任务转包的,发包人将有权解除合同,并课以不超过设计人勘察设计签约合同价 10% 的违约金;未经发包人同意私自分包的,责令改正,并视情况课以不超过签约合同价 2% 的违约金。

(2)设计人未按照合同规定的强制性技术标准、规范和规程进行勘察设计,或未根据勘察成果资料进行设计的,应限期改正,并可课以违约金:对未按合同规定的强制性技术标准、规范和规程进行勘察设计的,课以不超过签约合同价 10% 的违约金;对未根据勘察成果进行工程设计的,视情况课以不超过签约合同价 5% 的违约金;对设计人在设计文件中指定或变相指定工程建设材料或设备生产厂、供应商的,每一处课以不超过签约合同价 1‰的违约金。

(3)设计人未能按期提交勘察成果、设计文件、专题研究报告的(发包人同意延长期限的除外),每延期 1 天课以不超过签约合同价的 1‰的违约金,累计不超过签约合同价的 5%;延期超过 60 天时,发包人可以解除合同。

(4)在收到发包人或咨询单位或上级主管部门提出的审查意见后,设计人未能在规定期限内完成对勘察成果、设计文件、专题研究报告修改的(发包人同意延长期限的除外),每延期 1 天课以不超过签约合同价的 1‰的违约金,累计不超过签约合同价的 5%;延期超过 60 天时,发包人可以解除合同。

(5)因勘察设计深度不够、资料不足、方案缺陷以及勘察设计质量低劣而被要求返工从而造成质量问题的,除由设计人负责继续完善勘察设计外,发包人还可视造成的时间延误和费用损失,课以不超过签约合同价 1% 的违约金,同时,承担相应的赔偿责任。

(6)设计人未按合同规定提供配合招标后续服务的,每发生一次,课以不超过签约合同价的 1‰的违约金。

(7)设计人未及时选派合格的设计代表进驻施工现场的,每延误 1 天课以不超过签约合同价的 2‰的违约金;未能在发包人和设计人约定的时间内给予答复、完成变更设计的,每延误 1 天课以不超过签约合同价的 1‰的违约金,累计不超过签约合同价的 5%。

(8)因勘察设计错误而造成一般质量事故的,设计人除应免收损失部分的勘察设计费外,还应无偿继续完善勘察设计,并承担相当于直接受损失部分勘察设计费的赔偿金。

(9)因勘察设计错误而造成重大质量事故的,除执行上条一般质量事故的规定外,同时课以不超过签约合同价 10% 的违约金,并报请有关部门视事故造成的损失情况给予其他处罚。

(10)因勘察设计深度不够、资料不足、方案缺陷或质量低劣导致未通过上级主管部门审查的,发包人可视造成的时间延误和费用损失,要求设计人负责继续完善勘察设计或终止设计合同,取消设计人履行下阶段工作的资格。无论发包人是否要求设计人继续完善勘察设计或终止设计合同,发包人均将课以不超过签约合同价的 2% 的违约金,还将视造成的时间延误和费用损失情况要求设计人承担相应的赔偿责任,赔偿金最高上限不超过勘察设计签约合同价的 10% 。

(11)由于设计人的过失或责任引起本项目发生重大设计变更或较大设计变更,导致施工工期拖延或者给发包人造成经济损失的,设计人应无条件及时完成该设计变更,不得向发包人提出补偿费用的要求,同时发包人还将向设计人扣除该变更工程量造价 5% 的赔偿金,但最多不超过勘察设计签约合同价的 10% 。

(12)设计人在投标文件中承诺投入本项目的主要勘察设计人员发生变化的(包括项目负责人、分项负责人和其他主要设计人员的变化,但因不可抗力引起的人员变动除外),每更换 1 人课以 5 万元的违约金。

(13)设计人发生下述任一违约情形时,课以不超过签约合同价的 2% 的违约金:

①由于设计人原因,本项目任一施工标段变更价款超过相应标段中标价的 5% 及以上的;或施工图预算(或工程决算)超过初步设计批复概算的;

②由于设计人原因,本项目编绘的征地拆迁图与实际需要征地拆迁的数量相差超过 3% 及以上的;

③设计人所提交的分标段招标工程量清单和招标施工图相比较,工程数量误差累计金额超过该标段施工合同价(不含 100 章及暂列金额)5% 以上的。

(14)所有违约金在设计人履约保证金中扣除,当履约保证金不足扣除时,将在设计人勘察设计费中扣除;赔偿金在设计人勘察设计费中扣除。

上述违约情况同时发生时,除上述第(1)条外,违约金累计不超过签约合同价的 20% 。

上述违约金数额应在“专用合同条款”中明确。

31. 招标监督

招标工作必须公开接受社会监督。监督机构要在“投标人须知前附表”中明确,根据《中华人民共和国招标投标法》第七条规定,一般应由交通运输主管部门和有关行政监督部门依法进行监督。

32. 投诉处理

(1)潜在投标人或者其他利害关系人对资格预审文件有异议的,应当在提交资格预审申请文件截止时间 2 日前提出;对招标文件有异议的,应当在投标截止时间 10 日前提出。招标人应当自收到异议之日起 3 日内作出答复;作出答复前,应当暂停招标投标活动。

(2)投标人对开标有异议的,应当在开标现场提出,招标人应当场作出答复,并记录在案。

(3)投标人或者其他利害关系人对依法必须进行招标的项目的评标结果有异议的,

应当在中标候选人公示期间提出。招标人应当自收到异议之日起3日内作出答复;作出答复前,应当暂停招标投标活动。

(4)投标人或者其他利害关系人认为招标投标活动不符合法律、行政法规规定的,可以自知道或者应当知道之日起10日内向有关行政监督部门投诉。投诉应当有明确的请求和必要的证明材料。

就上述(1)、(2)、(3)项进行投诉的,应当先向招标人提出异议,异议答复期间不计算在前款规定的期限内。

四、项目专用《公路工程勘察设计招标文件》编制要求

为提高招标文件的编制质量和效率,根据浙江省实际,浙江省交通运输厅对《公路设计招标标准文件》的一些章和条款进行了补充、细化或约定,并形成《招标文件范本》供各地使用。

(1)《招标文件范本》适用于依法必须招标的浙江省公路工程勘察设计项目。

(2)招标人根据《招标文件范本》编制项目专用《公路工程勘察设计招标文件》时,不得修改"投标人须知"和"评标办法"正文,但可以在前附表中对"投标人须知"和"评标办法"进行补充、细化,补充和细化的内容不得与"投标人须知"和"评标办法"正文内容相抵触。

(3)招标人根据《招标文件范本》编制项目招标文件中的"专用合同条款"时,可根据招标项目的具体特点和实际需要,对"通用合同条款"进行补充、细化和约定,但补充、细化或约定的内容不得违反法律、行政法规的强制性规定及平等、自愿、公平和诚实信用原则。

(4)《招标文件范本》用相同序号标示的章、节、条、款、项、目,供招标人选择使用,招标人选择其中一种后,应删除其余序号相同的内容;以空格标示的由招标人填写的内容,招标人应根据招标项目具体特点和实际需要具体化,确实没有需要填写的,在空格中用"/"标示。

(5)招标人发布的招标公告或发出的投标邀请书编入招标文件中,作为招标文件的组成部分。

(6)招标人可根据招标项目具体特点和实际需要选择使用综合评估法Ⅰ或综合评估法Ⅱ,并以醒目方式在"评标办法前附表"中标明投标人不满足其要求即导致废标的全部条款。

(7)第五章"勘察设计技术要求"、第六章"投标文件格式"由招标人根据《招标文件范本》、招标项目具体特点和实际需要编制,并与"投标人须知"、"评标办法"、"通用合同条款"和"专用合同条款"等相衔接。

(8)《公路工程勘察设计招标文件》的纸张规格统一为A4纸,字体大小、表格格式、装订方式均参照《招标文件范本》办理。

(9)招标人具备自行招标条件的可自行编制招标文件,不具备条件的应委托有相应

资质的代理机构编制。招标文件(含资格预审文件)完成后应报相关主管部门备案,必要时,招标人应组织审查,邀请主管部门和专家参加,并按审查意见进行修改,经备案后,方能出售。出售后的招标文件可以进行必要的修改或者澄清,其中,修改或者澄清的内容对招标文件有实质性改变的,必须以补遗书形式报备案部门备案后才能编号下发。

五、招标文件审核备案程序

1. 招标程序(见框图)

(1)招标人确定招标方式,采用邀请招标的,应按规定报相关部门批准;

(2)编制招标文件或资格预审文件,并报相关交通运输主管部门备案;

(3)发布招标公告或资格预审公告,采用邀请招标的,发出投标邀请书;

(4)如进行资格预审的,对潜在投标人进行资格审查,审查结果报相关交通运输主管部门备案后,向合格的潜在投标人发出投标邀请书;

(5)向潜在投标人发售招标文件;

(6)组织潜在投标人踏勘现场,召开投标预备会;

(7)接受投标人的投标文件,公开开标;

(8)组建评标委员会评标,推荐中标候选人;

(9)评标结果公示;

(10)确定中标人,中标结果报相关主管部门备案;

(11)发出中标通知书,与中标人签订合同。

2. 监督管理权限

高速公路(含连接线)、国省道新(改)建项目的勘察设计招标投标活动的行政监督管理工作由省交通运输主管部门负责或由省交通运输主管部门委托项目所在地市交通运输主管部门负责,其中,国道主干线、国家、部重点公路建设项目的资格预审结果、招标文件及决标结果由省交通运输主管部门审核后,报交通运输部核备。

其他公路工程勘察设计招标投标活动的行政监督管理工作由各市交通运输主管部门负责。

3. 审备内容

(1)招标文件(包括备案表及招标文件)及补遗书(如有);

(2)决标结果(包括备案表、评标专家推荐意见、投标人及项目负责人的行贿查询记录、投标人投标行为信用记录以及评标报告)。

如进行资格预审的,还包括资格预审文件及预审结果。

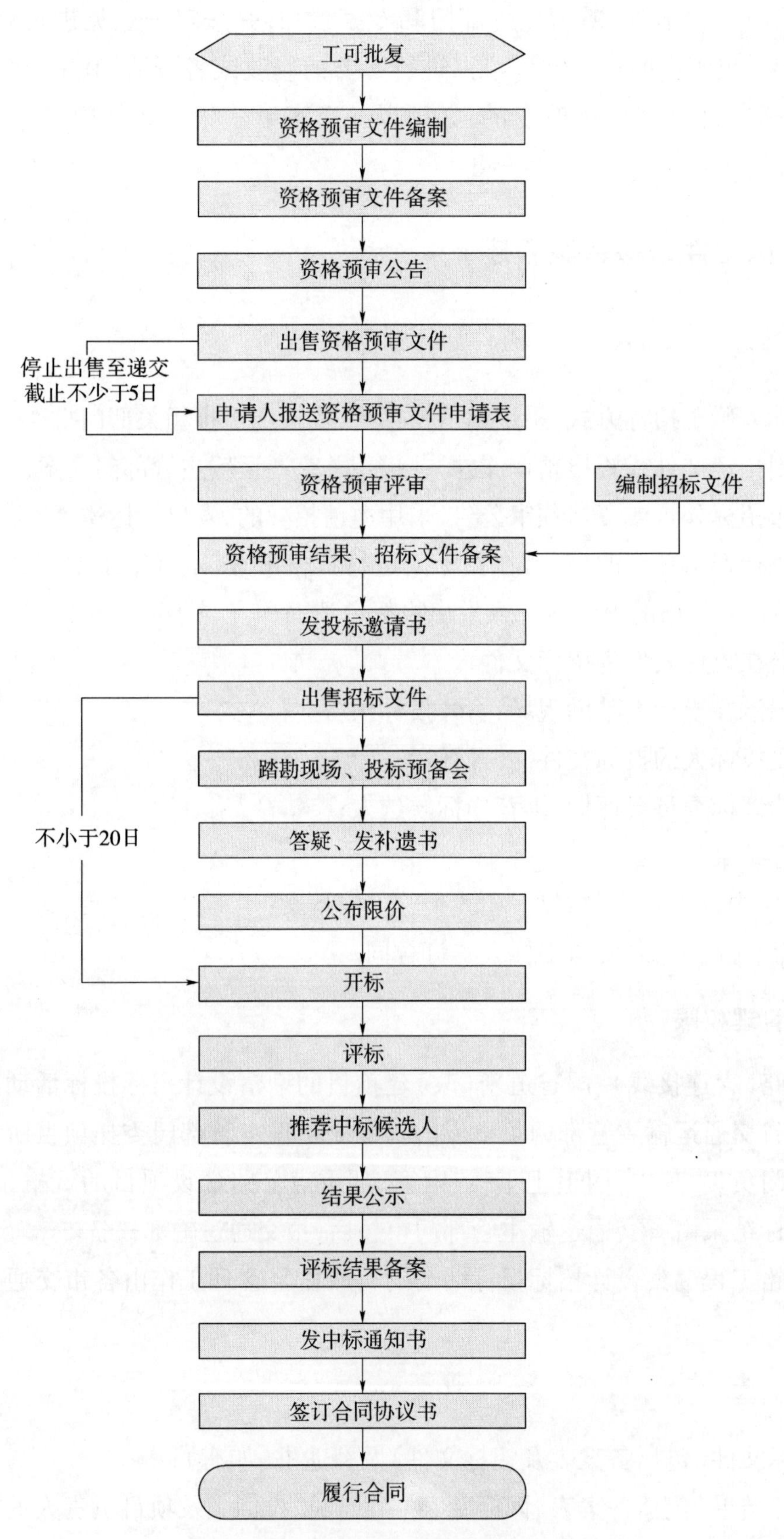

勘察设计资格预审招标程序框图

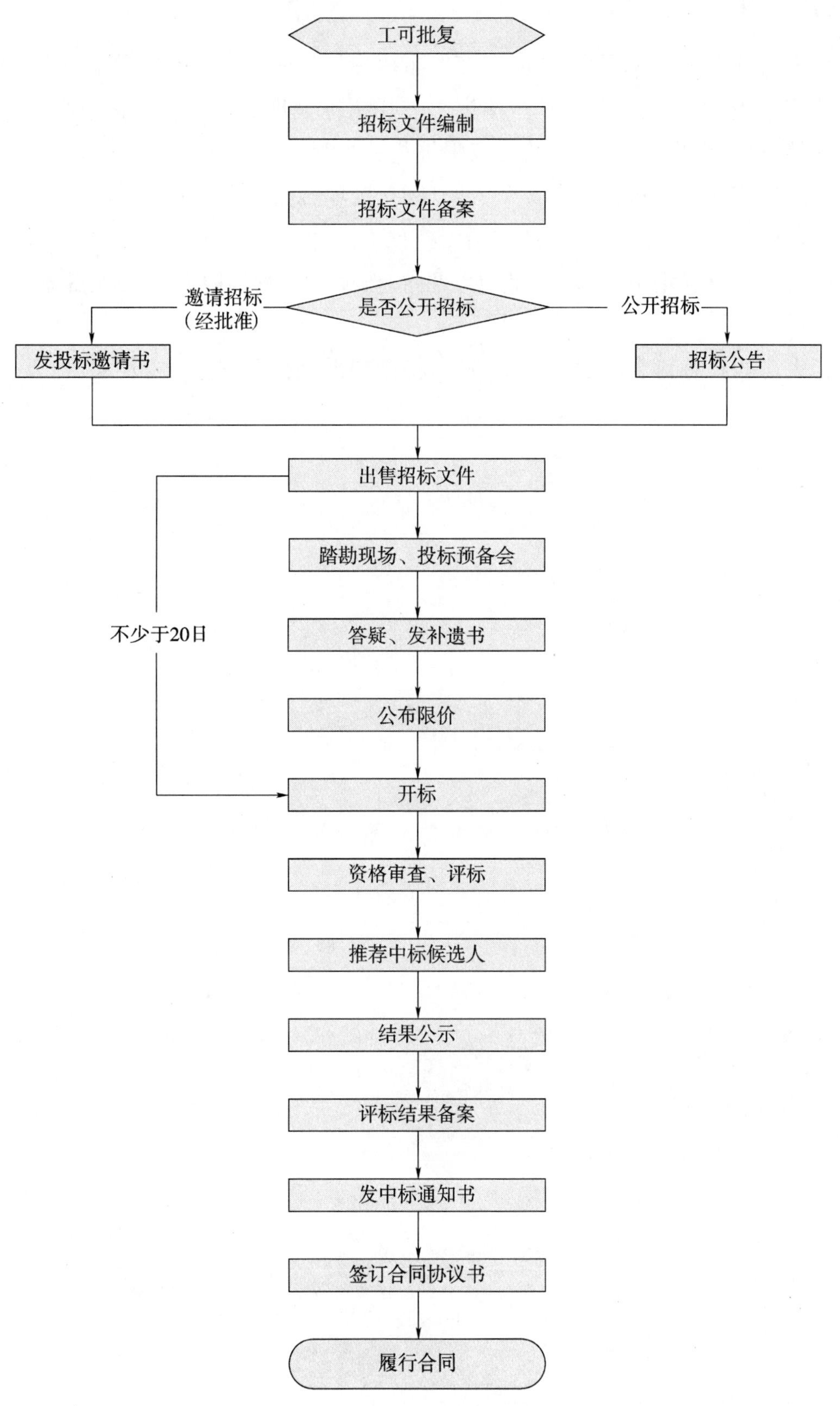

勘察设计资格后审招标程序框图

4. 备案要求

招标人自行办理招标事宜的,应当在发布招标公告或者发出投标邀请书 15 日前,按项目监管权限报相关主管部门备案;招标人委托招标代理机构办理招标事宜的,应当在委托合同签订后 15 日内,按项目监管权限报相关主管部门备案。

招标人应当在发出招标文件 5 个工作日前,按项目监管权限向有关项目监管部门报备招标文件(如进行资格预审的,还包括资格预审文件)。

招标人应当自确定中标人之日起 15 日内,按项目监管权限向有关项目监管部门报备决标结果。

招标人应当在签订合同之日起 15 日内将合同报有关行政监督部门备案。

第二篇

浙江省公路工程勘察设计
招标资格预审文件范本

浙　江　省

______________（项目名称）勘察设计招标

资格预审文件

（范本）

招　标　人：________________（盖单位章）

招标代理：________________（盖单位章）

______年____月____日

说　明

一、浙江省____________(项目名称)勘察设计招标资格预审文件,以交通运输部《公路工程标准勘察设计招标资格预审文件》(2011 年版)和浙江省公路工程勘察设计招标的有关规定为依据,结合本项目的特点和实际需要编制而成。

资格预审文件不加修改地引用了《公路工程标准勘察设计招标资格预审文件》(2011 年版)中的“申请人须知”、“资格审查办法”正文。

二、针对本项目的具体特点和实际情况:

在“申请人须知前附表”和“资格审查办法前附表”中对“申请人须知”、“资格审查办法”进行了补充、细化。

三、申请人应按资格预审文件的要求认真编制资格预审文件,完整地反映资格预审文件的规定和内容,避免资格预审文件因不能通过评审而被拒绝。

目　　录

第一章　资格预审公告

第一章　资格预审公告[①]

____________(项目名称)标段勘察设计招标资格预审公告

1. 招标条件

本招标项目____________(项目名称)已由____________(项目审批、核准或备案机关名称)以____________(批文名称及编号)批准建设,项目业主为____________,建设资金来自____________(资金来源),项目出资比例为____________,招标人为____________。项目已具备招标条件,现进行公开招标,特邀请有兴趣的潜在投标人(以下简称申请人)提出资格预审申请。

2. 项目概况与招标范围

____________(说明本次招标项目的建设规模、技术标准、勘察设计周期、招标范围、标段划分等)。

3. 申请人资格要求

3.1　本次资格预审要求申请人具备____________资质,____________业绩,并在人员组成结构等方面具有相应的勘察设计能力。

3.2　本次资格预审____________(接受或不接受)联合体申请。以联合体形式申请的,应满足下列要求:________________。

3.3　每个申请人最多可对______(具体数量)个标段提出资格预审申请,且允许中______个标。

4. 资格预审文件的获取

4.1　请申请人于______年____月____日至______年____月____日(法定公休日、法定节假日除外)[②],每日上午____时至____时,下午____时至____时(北京时间,下同),

---

① 招标人可根据项目具体特点和实际需要对本章内容进行补充、细化,但应遵守《中华人民共和国招标投标法》第十六条、《中华人民共和国招标投标法实施条例》第十五条和《招标公告发布暂行办法》等有关法律、法规的规定。

② 资格预审文件的发售时间不得少于5个工作日。

在__________(详细地址)持企业法人营业执照副本原件、勘察资质证书副本原件、设计资质证书副本原件、单位介绍信、经办人身份证及上述资料复印件一套购买资格预审文件。参加多个标段资格预审的申请人必须分别购买相应标段的资格预审文件,并对每个标段单独递交资格预审申请文件。

4.2 资格预审文件每套售价________元①,售后不退。

5. 资格预审申请文件的递交

5.1 递交资格预审申请文件截止时间(申请截止时间,下同)为_____年____月____日____时____分②,申请人应于当日____时____分至____时____分将资格预审申请文件递交至_______。

5.2 逾期送达或者未送达指定地点的资格预审申请文件,招标人不予受理。

6. 发布公告的媒介

本次资格预审公告同时在________上发布。③

7. 联系方式

招 标 人:______________	招标代理机构:______________
地　　址:______________	地　　　址:______________
邮政编码:______________	邮 政 编 码:______________
联 系 人:______________	联　系　人:______________
电　　话:______________	电　　　话:______________
传　　真:______________	传　　　真:______________

_____年____月____日

① 资格预审文件中提到的货币单位除有特别说明外,均指人民币元。每套资格预审文件售价只计工本费,最高不超过 500 元。

② 依法必须进行招标的项目提交资格预审申请文件的时间,自资格预审文件停止发售之日起不得少于 5 日。

③ 招标人必须注明所有发布招标公告的媒介名称,应按国家及浙江省有关规定执行,并在浙江交通网上发布。

第二章　申请人须知

第二章　申请人须知

申请人须知前附表[①]

条款号	条款名称	编列内容
1.1.2	招标人	名　称： 地　址： 联系人： 电　话： 传　真：
	招标代理机构	名　称： 地　址： 联系人： 电　话： 传　真：
	项目名称	
	建设地点	
1.2	资金来源	
	出资比例	
	资金落实情况	
1.3	招标范围	□ 初勘、初测 □ 详勘、定测 □ 初步设计 □ 技术设计 □ 施工图设计（含机电工程施工图补充设计、房建工程装饰装修设计） □ 其他：______
	勘察设计周期	
1.4.1	申请人资质条件、能力和信誉	资质条件：见附录 1 业绩要求：见附录 2 项目负责人要求：见附录 3 信誉最低要求：见附录 4

① a.“申请人须知前附表”用于进一步明确正文中的未尽事宜，由招标人根据招标项目具体特点和实际需要编制和填写，但务必做到与资格预审文件中其他章节的衔接，并不得与本章正文内容相抵触。

b.“申请人须知前附表”中的附录表格同属“申请人须知前附表”内容，具有同等效力。

续上表

条款号	条 款 名 称	编 列 内 容
1.4.2	联合体	□ 不接受 □ 接受,但联合体所有成员数量不得超过____家; 还应满足下列要求:__________
2.2.1	申请人要求澄清 资格预审文件的截止时间	递交资格预审申请文件截止之日____天前(以收到时间为准)
2.2.2	招标人澄清 资格预审文件的截止时间	递交资格预审申请文件截止之日____天前(以发出时间为准)
2.2.3	申请人确认收到 资格预审文件澄清的时间	收到澄清后__24__小时内(以发出时间为准)
2.3.1	招标人修改 资格预审文件的截止时间	递交资格预审申请文件截止之日____天前
2.3.2	申请人确认收到 资格预审文件修改的时间	收到修改后__24__小时内(以发出时间为准)
3.3.2	资格预审申请文件副本份数	______份,另加1份电子文件(光盘或U盘,如需要)
4.1.2	封套上写明	招标人地址:________________ 招标人全称:________________ ____________(项目名称)______标段勘察设计招标资格预审申请文件 在______年____月____日____时____分前不得开启 申请人地址:________________ 申请人全称:________________
4.2.1	申请截止时间	______年____月____日____时____分
4.2.2	递交资格预审申请文件的地点	

续上表

条款号	条款名称	编列内容
5.1.2	审查委员会人数	审查委员会构成:共____人;其中招标人代表____人,专家____人;专家确定方式:从________专家库中随机抽取; 审查委员会主任在库选专家中推荐或随机抽取
6.1	资格预审结果的通知时间	
6.3	资格预审结果的确认时间	收到投标邀请书后__24__小时内(以发出时间为准)予以确认
8.4	投诉 (监督部门)	申请人或者其他利害关系人对资格预审文件有异议的,应当在提交资格预审申请文件截止时间2日前提出。招标人应当自收到异议之日起3日内作出答复;作出答复前,应当暂停招标投标活动。 申请人或者其他利害关系人认为本次招标活动违反法律、法规和规章规定的,或招标人逾期未答复的,或对招标人的答复不满意的,有权向有关行政监督部门投诉。投诉应按《中华人民共和国招标投标法实施条例》及《工程建设项目招标投标活动投诉处理办法》(国家七部委令2004年第11号)办理。 监督部门:__________ 地　　址:__________ 电　　话:__________ 传　　真:__________ 邮政编码:__________
9.1.1	申请人申请资格	每个申请人最多可对本项目的____个标段提出资格预审申请,且允许中____个标①
需要补充的其他内容		

① 如果每个申请人只允许中一个标,则同一个申请人在不同阶段资格预审申请文件中提供的项目负责人在满足资格要求的基础上可以重复。

附录1　资格审查条件(资质最低条件)①

标　　段	勘察设计企业资质等级要求
	1. 申请人应具备____________资质; 2. 设计甲、乙级资质的申请人应列入全国公路建设市场信用信息管理系统中的设计资质企业名录,且投标人名称与最新公布的全国公路建设市场信用信息管理系统中的名录相符。对于未进入名录或名称与名录不符的申请人,不得通过资格审查

① 具体资质要求由招标人在满足国家相关法律法规前提下,根据招标项目具体特点和实际情况确定。招标人招标时应严格按照国家有关勘察设计单位资质管理的规定,不得随意提高资质等级要求或让没有资质的单位参加投标,单位的资质等级要求应与工程规模相适应。

附录 2　资格审查条件(业绩最低要求)①

标　　段	业 绩 要 求
	自______年______月 1 日以来,完成过 1 条里程在______ km 以上(公路等级)公路的勘察; 自______年______月 1 日以来,完成过 1 条里程在______ km 以上(公路等级)公路的设计; ……

① 具体业绩要求由招标人在满足国家相关法律法规前提下,根据招标项目具体特点和实际情况确定,但不得设置过高的业绩资格条件。

初步设计、施工图设计等一次性招标的,相关业绩证明材料中应包括施工图设计的批复文件;初步设计、施工图设计等分阶段招标的,相关业绩证明材料应包括与招标阶段相适应的设计批复文件。

若允许联合体投标,则联合体各方应按照"联合体协议书"中的职责分工提供相应的业绩证明材料,否则业绩不予认可。

附录 3　资格审查条件(项目负责人最低要求)[①]

标　　段	项目负责人资格要求
	具有__________职称,_____年及以上勘察设计相关工作经验,_____年___月___日以来主持过 1 条里程在_____ km 以上(公路等级)公路的勘察设计任务;自_____年___月 1 日以来[②],无行贿犯罪行为(以法院判决书认定行为和出具的时间为准)

① 对项目负责人的要求,由招标人在满足国家相关法律、法规前提下,根据招标项目具体特点和实际情况确定,但不得设置过高的资格条件。

② 近三年。

附录4　资格审查条件(信誉最低要求)[①]

标　　段	信 誉 要 求
	1. 不存在“申请人须知”第1.4.3项的情形； 2. 自______年____月1日以来[②]，投标人无行贿犯罪行为(以法院判决书认定行为和出具的时间为准)

① 具体信誉要求由招标人在满足国家相关法律、法规前提下，根据招标项目具体特点和实际情况确定。

② 近三年。

1. 总则

1.1 项目概况

1.1.1 根据《中华人民共和国招标投标法》等有关法律、法规和规章的规定,本招标项目已具备招标条件,现进行公开招标,特邀请有兴趣承担本项目的申请人提出资格预审申请。

1.1.2 本招标项目招标人、招标代理机构、项目名称及建设地点:见“申请人须知前附表”。

1.2 资金来源和落实情况

本招标项目的资金来源、出资比例及资金落实情况:见“申请人须知前附表”。

1.3 招标范围和勘察设计周期

本次招标范围及勘察设计周期:见“申请人须知前附表”。

1.4 申请人资格要求

1.4.1 本招标项目对申请人资质条件、业绩、项目负责人、信誉的要求:见“申请人须知前附表”。

1.4.2 “申请人须知前附表”规定接受联合体申请资格预审的,联合体申请人除应符合本章第 1.4.1 项和“申请人须知前附表”的要求外,还应遵守以下规定:

(1)联合体各方必须按资格预审文件提供的格式签订联合体协议书,明确联合体牵头人和各方的权利义务;

(2)由同一专业的单位组成的联合体,按照资质等级较低的单位确定资质等级;

(3)通过资格预审的联合体,其各方组成结构或职责以及信誉情况等资格条件不得改变;

(4)联合体各方不得再以自己名义单独或加入其他联合体在同一标段中参加资格预审,否则,相关资格预审申请文件均视为无效;

(5)联合体各方应分别按照本资格预审文件的要求,填写资格预审申请文件中的相应表格,并由联合体牵头人负责对联合体各成员的资料进行统一汇总后一并提交给招标人;联合体牵头人所提交的资格预审申请文件应认为已代表了联合体各成员的真实情况;

(6)尽管委任了联合体牵头人,但联合体各成员在资格预审、投标、签约与履行合同过程中,仍负有连带的和各自的法律责任。

1.4.3 申请人不得存在下列任一情形:

(1)为投标人不具有独立法人资格的附属机构(单位);

(2)为本招标项目的代建人;

(3)为本招标项目提供招标代理服务的；

(4)与本招标项目的代建人或招标代理机构同为一个法定代表人的；

(5)与本招标项目的代建人或招标代理机构相互控股或参股的；

(6)与本招标项目的代建人或招标代理机构相互任职或工作的；

(7)被责令停业的；

(8)财产被接管或冻结的；

(9)经审查委员会认定会对承担本招标项目造成重大影响的正在诉讼的案件；

(10)被省级及以上交通运输主管部门取消项目所在地的投标资格或禁止进入该区域公路建设市场且处罚期未满的；

(11)为投资参股本招标项目的法人单位。

1.5　语言文字

除专用术语外，来往文件均使用中文。必要时专用术语应附有中文注释。

1.6　费用承担

申请人准备和参加资格预审发生的费用自理。

2. 资格预审文件

2.1　资格预审文件的构成

2.1.1　本次资格预审文件包括资格预审公告、申请人须知、资格审查办法、资格预审申请文件格式、工程概况，以及根据本章第2.2款对资格预审文件的澄清和第2.3款对资格预审文件的修改。

2.1.2　当资格预审文件、资格预审文件的澄清或修改等在同一内容的表述上不一致时，以最后发出的书面文件为准。

2.2　资格预审文件的澄清

2.2.1　申请人应仔细阅读和检查资格预审文件的全部内容。如有疑问，应在“申请人须知前附表”规定的时间前以书面形式(包括信函、电报、传真等可以有形表现所载内容的形式，下同)，要求招标人对资格预审文件进行澄清。

2.2.2　招标人应在“申请人须知前附表”规定的时间前，以书面形式将澄清内容发给所有购买资格预审文件的申请人，但不指明澄清问题的来源。

2.2.3　申请人收到澄清后，应在“申请人须知前附表”规定的时间内以书面形式通知招标人，确认已收到该澄清。

2.3　资格预审文件的修改

2.3.1　在“申请人须知前附表”规定的时间前，招标人可以书面形式通知申请人修改资格预审文件。在“申请人须知前附表”规定的时间后修改资格预审文件的,招标人应相应顺延申请截止时间。

2.3.2 申请人收到修改的内容后,应在“申请人须知前附表”规定的时间内以书面形式通知招标人,确认已收到该修改。

3. 资格预审申请文件

3.1 资格预审申请文件的构成

3.1.1 资格预审申请文件应包括下列内容:

(1)资格预审申请函;

(2)法定代表人身份证明或法定代表人的授权委托书;

(3)联合体协议书;

(4)申请人基本情况表;

(5)近年完成的类似项目情况表;①

(6)项目负责人资历表;②

(7)申请人信誉情况表;

(8)申请人与其他单位资产关联、隶属关系框图;

(9)其他材料。

3.1.2 “申请人须知前附表”规定不接受联合体资格预审申请的或申请人没有组成联合体的,资格预审申请文件不包括本章第 3.1.1(3)目所指的联合体协议书。

3.2 资格预审申请文件的编制

3.2.1 资格预审申请文件应按第四章“资格预审申请文件格式”进行编写,并按各资格审查表格的具体要求提供相关证件及证明材料。如有必要,可以增加附页,并作为资格预审申请文件的组成部分。“申请人须知前附表”规定接受联合体资格预审申请的,本项规定的表格和资料应包括联合体各方相关情况。

3.2.2 申请人应在资格预审申请文件中提交法定代表人的授权委托书或法定代表人身份证明。

(1)如果资格预审申请文件由委托代理人签署,则申请人需提交法定代表人的授权委托书,授权委托书应按规定的书面方式出具,并由法定代表人和委托代理人亲笔签名,不得使用印章、签名章或其他电子制版签名代替。经公证机关对授权委托书中申请人法定代表人的签名、委托代理人的签名、申请人的单位章的真实性作出有效公证后,

---

① 资格预审申请文件按照“申请人须知前附表”附录 2 的要求填报满足最低数量要求的类似项目即可,无须增列其他类似项目。

② 资格预审申请文件按照“申请人须知前附表”附录 3 的要求填报项目负责人的相关信息即可,无须需增列其他主要人员。

原件应装订在资格预审申请文件的正本之中。公证书出具的日期应与授权委托书出具的日期同日或在其之后。

(2)如果由申请人的法定代表人亲自签署资格预审申请文件,则不需提交授权委托书,但应按规定的书面方式出具法定代表人身份证明,并由法定代表人亲笔签名,不得使用印章、签名章或其他电子制版签名代替。经公证机关对法定代表人身份证明中法定代表人的签名、申请人的单位章的真实性作出有效公证后,原件应装订在资格预审申请文件的正本之中。公证书出具的日期应与法定代表人身份证明出具的日期同日或在其之后。

(3)以联合体形式申请资格预审的,法定代表人授权委托书或法定代表人身份证明须由联合体牵头人按上述(1)或(2)目的规定出具并公证。

3.3　资格预审申请文件的装订、签字

3.3.1　申请人应按本章第3.1款和第3.2款的要求,编制完整的资格预审申请文件,资格预审申请文件正本应用不退色的材料书写或打印,资格预审申请文件正本应由申请人的法定代表人或其委托代理人逐页亲笔签署姓名(封面、扉页、目录和本页正文内容已由申请人的法定代表人或其委托代理人签署姓名的可不签署),不得使用印章、签名章或其他电子制版签名代替。以联合体形式申请资格预审的,资格预审申请文件正本由联合体牵头人的法定代表人或其委托代理人按上述规定签署。资格预审申请文件正本中的任何改动之处应加盖单位章或由申请人的法定代表人或其委托代理人签字确认。

3.3.2　资格预审申请文件正本一份,副本份数见“申请人须知前附表”。正本和副本的封面上应清楚地标记“正本”或“副本”字样。当正本和副本不一致时,以正本为准。

3.3.3　资格预审申请文件正本与副本应分别装订成册(A4纸幅),并编制目录,且逐页标注连续页码。资格预审申请文件不得采用活页夹装订,否则,招标人对由于资格预审申请文件装订松散而造成的丢失或其他后果不承担任何责任。

4. 资格预审申请

4.1　资格预审申请文件的密封和标识

4.1.1　资格预审申请文件的正本与副本应分开包装,加贴封条,并在封套的封口处加盖密封章。电子文件(如需要)与正本统一包装在一个封套中。

4.1.2　在资格预审申请文件的封套上应清楚地标记“正本”或“副本”字样,封套还应写明的其他内容见“申请人须知前附表”。

4.1.3　未按本章第4.1.1项或第4.1.2项要求密封和加写标记的资格预审申请文件,招标人不予受理。

4.2 资格预审申请文件的递交

4.2.1 申请截止时间:见“申请人须知前附表”。

4.2.2 申请人递交资格预审申请文件的地点:见“申请人须知前附表”。

4.2.3 申请人所递交的资格预审申请文件不予退还。

4.2.4 逾期送达或者未送达指定地点的资格预审申请文件,招标人不予受理。

4.3 资格预审申请文件的修改

4.3.1 资格预审申请文件按要求送达后,在规定的递交截止时间前,申请人可以撤回申请文件或修改申请文件。如需修改申请文件,应当以正式函件提出并作出说明。

4.3.2 修改资格预审申请文件的正式函件是资格预审申请文件的组成部分,其形式要求、密封方式、送达时间,应符合资格预审文件的要求。

5. 资格预审申请文件的审查

5.1 审查委员会

5.1.1 资格预审申请文件由招标人组建的审查委员会负责审查。审查委员会按照《中华人民共和国招标投标法》第三十七条规定组建。

5.1.2 审查委员会人数:见“申请人须知前附表”。

5.2 资格审查

审查委员会根据第三章“资格审查办法”中规定的审查标准,对所有已受理的资格预审申请文件进行审查。没有规定的方法和标准不得作为审查依据。

6. 通知和确认

6.1 通知

招标人在“申请人须知前附表”规定的时间内以书面形式将资格预审结果通知申请人,并向通过资格预审的申请人发出投标邀请书。

6.2 解释

应申请人书面要求,招标人应对资格预审结果作出解释,但不保证申请人对解释内容满意。

6.3 确认

通过资格预审的申请人收到投标邀请书后,应在“申请人须知前附表”规定的时间内以书面形式明确表示是否参加投标。在“申请人须知前附表”规定时间内未表示是否参加投标或明确表示不参加投标的,不得再参加投标。因此造成潜在申请人数量不足3个的,招标人重新组织资格预审或不再组织资格预审而直接采用资格后审方式招标。

7. 申请人的资格改变

通过资格预审的申请人资质条件、能力和信誉等资格条件发生变化,使其不再实质上满足第三章"资格审查办法"规定标准的,其投标不被接受。

8. 纪律与监督

8.1　严禁贿赂

严禁申请人向招标人、审查委员会成员和与审查活动有关的其他工作人员行贿。在资格预审期间,不得邀请招标人、审查委员会成员以及与审查活动有关的其他工作人员到申请人单位参观考察,或出席申请人主办、赞助的任何活动。

8.2　不得干扰资格审查工作

申请人不得以任何方式干扰、影响资格预审的审查工作,否则将导致其不能通过资格预审。

8.3　保密

招标人、审查委员会成员,以及与审查活动有关的其他工作人员应对资格预审申请文件的审查、比较进行保密,不得在资格预审结果公布前透露资格预审结果,不得向他人透露可能影响公平竞争的有关情况。

8.4　投诉

申请人和其他利害关系人认为本次资格预审活动违反法律、法规和规章规定的,有权向有关行政监督部门投诉。

监督部门的联系方式见"申请人须知前附表"。

9. 其他规定

9.1　申请规定

9.1.1　每个申请人可提出资格预审申请和允许中标的标段数应符合"申请人须知前附表"的规定。

9.1.2　除招标文件另有规定外,申请人在资格预审申请文件中填报的项目负责人不允许更换。

9.1.3　自购买资格预审文件之日起,申请人应保证其提供的联系方式(电话、传真、电子邮件)一直有效,以保证往来函件(资格预审文件的澄清、修改等)能及时通知申请人,并能及时反馈信息,否则招标人不承担由此引起的一切后果。

9.2 招标人的权力

招标人有对资格预审申请文件进行核实和澄清的权力,若招标人在资格审查时或必要的调查过程中发现申请人有弄虚作假行为,将取消其资格预审资格,并将其弄虚作假行为上报省级交通运输主管部门,作为不良记录纳入公路建设市场信用信息管理系统。

需要补充的其他内容:见"申请人须知前附表"。

第三章　资格审查办法

第三章　资格审查办法

资格审查办法前附表[①]

条款号		审查因素与标准
2.1	初步审查标准	(1)申请人名称与营业执照、勘察资质证书、设计资质证书一致; (2)资格预审申请函有法定代表人或其委托代理人签字并加盖单位章; (3)资格预审申请文件按照资格预审文件规定的格式、内容填写,字迹清晰可辨; (4)提交资格预审申请文件的标段必须与购买资格预审文件的标段一致; (5)申请人的法定代表人身份证明或授权委托书以及所附公证书符合第二章“申请人须知”第3.2.2项规定; (6)资格预审申请文件逐页签署情况符合第二章“申请人须知”第3.3.1项规定; (7)资格预审申请文件正、副本份数符合第二章“申请人须知”第3.3.2项规定; (8)资格预审申请人如果以联合体形式申请,符合第二章“申请人须知”第1.4.2项规定,且联合体各方均未再以自己名义单独或参加其他联合体在同一标段中参加资格预审;独立提出资格预审申请的,申请人未同时参加联合体在同一标段中参加资格预审; (9)资格预审申请文件没有对招标人的权利提出削弱性或限制性要求,没有对申请人的责任和义务提出实质性修改
2.2	详细审查标准	(1)申请人具备有效的营业执照和基本账户开户许可证; (2)申请人的资质证书有效且等级符合第二章“申请人须知前附表”附录1的规定; (3)申请人的业绩符合第二章“申请人须知前附表”附录2的规定; (4)申请人的项目负责人资格符合第二章“申请人须知前附表”附录3的规定; (5)申请人的信誉符合第二章“申请人须知前附表”附录4的规定; (6)申请人不存在第二章“申请人须知”第1.4.3项规定的情形
3.2.2		申请人不得存在的其他情形: (1)不按审查委员会要求澄清或说明的; (2)在资格预审过程中弄虚作假、行贿或有其他违法违规行为的

① 招标人应根据招标项目具体特点和实际需要,详细列明全部审查因素、标准,没有列明的因素和标准不作为资格审查的依据。招标人应将申请人不能通过资格预审的全部条款,以醒目方式集中在“资格审查办法前附表”中。

1. 审查方法

凡符合本章第 2.1 款和第 2.2 款规定审查标准的申请人均通过资格预审。

2. 审查标准

2.1 初步审查标准

初步审查标准:见“资格审查办法前附表”。

2.2 详细审查标准

详细审查标准:见“资格审查办法前附表”。

3. 审查程序

3.1 初步审查

3.1.1 审查委员会依据本章第 2.1 款规定的标准,对资格预审申请文件进行初步审查。有一项因素不符合审查标准的,不能通过资格预审。

3.1.2 审查委员会可以要求申请人提交第二章“申请人须知”第 3.2.1 项规定的有关证明和证件的原件,以便核验。

3.2 详细审查

3.2.1 审查委员会依据本章第 2.2 款规定的标准,对通过初步审查的资格预审申请文件进行详细审查。有一项因素不符合审查标准的,不能通过资格预审。

3.2.2 通过资格预审的申请人除应满足本章第 2.1 款、第 2.2 款规定的审查标准外,还不得存在“资格审查办法前附表”规定的任何一种情形,否则不能通过资格预审。

3.3 资格预审申请文件的澄清

在审查过程中,审查委员会可以书面形式,要求申请人对所提交的资格预审申请文件中含义不明确、对同类问题表述不一致或者有明显文字错误的内容作必要的澄清、说明或者补正。申请人的澄清、说明或者补正应采用书面方式进行,并不得超出资格预审申请文件的范围或者改变资格预审申请文件的实质性内容。申请人的澄清、说明或者补正内容属于资格预审申请文件的组成部分。招标人和审查委员会不接受申请人主动提出的澄清、说明或者补正。

4. 审查结果

4.1 提交审查报告

审查委员会按照本章第 3 条规定的程序对资格预审申请文件完成审查后,确定通过资格预审的申请人名单，并向招标人提交书面审查报告。

4.2　重新进行资格预审或招标

通过资格预审申请人的数量不足 3 个的，招标人重新组织资格预审或不再组织资格预审而直接招标。

第四章　资格预审申请文件格式[①]

① 招标人可结合招标项目具体特点和实际需要，对本章内容进行补充、细化。

浙　江　省

______________（项目名称）_______标段勘察设计招标

资格预审申请文件

申请人：________________（盖单位章）

_______年_____月_____日

目　　录

一、资格预审申请函

________________（招标人名称）：

1. 按照资格预审文件的要求，我方（申请人）递交的资格预审申请文件及有关资料，用于你方（招标人）审查我方参加____________（项目名称）______标段勘察设计招标的投标资格。

2. 我方的资格预审申请文件包含第二章“申请人须知”第 3.1.1 项规定的全部内容。

3. 我方接受你方的授权代表进行调查，以审核我方提交的文件和资料，并通过我方的客户，澄清资格预审申请文件中有关技术方面的情况。

4. 你方授权代表可通过____________（联系人及联系方式）得到进一步的资料。

5. 我方在此声明，所递交的资格预审申请文件及有关资料内容完整、真实和准确，且不存在第二章“申请人须知”第 1.4.3 项规定的情形。

申　请　人：______________________（盖单位章）

法定代表人或其委托代理人：____________（签字）

电　　　话：________________________________

传　　　真：________________________________

申请人地址：________________________________

邮 政 编 码：________________________________

______年____月____日

二、法定代表人身份证明或法定代表人的授权委托书

2-1　法定代表人身份证明[①]

申请人名称:____________________

单位性质:____________________

地址:____________________

成立时间:______年____月____日

姓名:(法定代表人亲笔签字)　性别:____　年龄:____　职务:________

系____________(申请人名称)的法定代表人。

特此证明。

申请人:____________(盖单位章)

______年____月____日

注:1. 法定代表人的签字必须是亲笔签名,不得使用印章、签名章或其他电子制版签名代替;

2. 在法定代表人身份证明后应附有公证机关出具的加盖钢印、单位章并盖有公证员签名章的公证书,钢印应清晰可辨,同时需对法定代表人身份证明中法定代表人的签名、申请人的单位章的真实性进行公证;

3. 公证书出具的日期与法定代表人身份证明出具的日期同日或在其之后。

① 如果由申请人的法定代表人签署资格预审申请文件,需提交法定代表人身份证明。

2-2　授权委托书①

本人______（姓名）系________（申请人名称）的法定代表人，现委托______（姓名）为我方代理人。代理人根据授权，以我方名义签署、澄清、递交、撤回、修改__________（项目名称）______标段勘察设计招标资格预审申请文件，其法律后果由我方承担。

委托期限：自本委托书签署之日起____个月内。

代理人无转委托权。

申　请　人：____________（盖单位章）

法定代表人：________________（签字）

身份证号码：______________________

委托代理人：________________（签字）

身份证号码：______________________

______年____月____日

注：1. 法定代表人和委托代理人必须在授权委托书上亲笔签名，不得使用印章、签名章或其他电子制版签名代替；

2. 在授权委托书后应附有公证机关出具的加盖钢印、单位章并盖有公证员签名章的公证书，钢印应清晰可辨，同时公证内容完全满足资格预审文件规定；

3. 公证书出具的日期与授权委托书出具的日期同日或在其之后；

4. 以联合体形式投标的，本授权委托书应由联合体牵头人的法定代表人按上述规定签署并公证。

① 如果由申请人法定代表人的委托代理人签署资格预审申请文件，需提交授权委托书。

三、联合体协议书

________(所有成员单位名称)自愿组成联合体,共同参加____________(项目名称)______标段勘察设计招标资格预审和投标。现就联合体投标事宜订立如下协议。

1. ________(某成员单位名称)为牵头人。

2. 联合体牵头人合法代表联合体各成员负责本标段勘察设计招标项目资格预审申请文件、投标文件编制和合同谈判活动,代表联合体提交和接收相关的资料、信息及指示,处理与之有关的一切事务,并负责合同实施阶段的主办、组织和协调工作。

3. 联合体将严格按照资格预审文件和招标文件的各项要求,递交资格预审申请文件和投标文件,履行合同,并对外承担连带责任。

4. 联合体牵头人代表联合体签署资格预审申请文件和投标文件,联合体牵头人的所有承诺均认为代表了联合体各成员。

5. 联合体各成员单位内部的职责分工如下:________(牵头人名称)承担________专业工程;________(成员一名称)承担________专业工程;________(成员二名称)承担________专业工程……

6. 资格预审申请工作、投标工作和联合体在中标后工程实施过程中的有关费用按各自承担的工作量分摊。

7. 本协议书自签署之日起生效,合同履行完毕后自动失效。

8. 本协议书一式____份,联合体成员和招标人各执一份。

牵头人名称:______________________(盖单位章)
法定代表人:__________________________(签字)

成员一名称:______________________(盖单位章)
法定代表人:__________________________(签字)

成员二名称:______________________(盖单位章)
法定代表人:__________________________(签字)
……

______年____月____日

四、申请人基本情况表

表 4-1 申请人基本情况表

<table>
<tr><td>申请人名称</td><td colspan="9"></td></tr>
<tr><td>注册地址</td><td colspan="5"></td><td>邮政编码</td><td colspan="3"></td></tr>
<tr><td rowspan="2">联系方式</td><td>联系人</td><td colspan="4"></td><td>电　话</td><td colspan="3"></td></tr>
<tr><td>传　真</td><td colspan="4"></td><td>电子邮件</td><td colspan="3"></td></tr>
<tr><td>法定代表人</td><td>姓　名</td><td></td><td colspan="2">技术职称</td><td colspan="3"></td><td>电话</td><td></td></tr>
<tr><td>技术负责人</td><td>姓　名</td><td></td><td colspan="2">技术职称</td><td colspan="3"></td><td>电话</td><td></td></tr>
<tr><td>成立时间</td><td colspan="2"></td><td colspan="7">员工总人数：</td></tr>
<tr><td>勘察资质等级</td><td colspan="2"></td><td rowspan="3">其中</td><td colspan="4">高级职称</td><td colspan="2"></td></tr>
<tr><td>设计资质等级</td><td colspan="2"></td><td colspan="4">中级职称</td><td colspan="2"></td></tr>
<tr><td>营业执照号</td><td colspan="2"></td><td colspan="4">各类注册人员</td><td colspan="2"></td></tr>
<tr><td>注册资金</td><td colspan="9"></td></tr>
<tr><td>基本账户开户银行</td><td colspan="9"></td></tr>
<tr><td>基本账户账号</td><td colspan="9"></td></tr>
<tr><td>经营范围</td><td colspan="9"></td></tr>
<tr><td>备注</td><td colspan="9"></td></tr>
</table>

注：1. 在本表后应附企业法人营业执照副本（全本）的复印件、勘察资质证书副本（全本）的复印件、设计资质证书副本（全本）的复印件、基本账户开户许可证的复印件、申请人浙江交通网诚信信息系统公开信息打印件、ISO 9000 系列质量体系认证证书复印件。上述所有执照、证书复印件均应加盖申请人单位章。

2. 以联合体形式申请资格预审的，联合体各成员应分别填写。

表 4-2 ______年____月____日以来[①]完成的类似项目情况表

项目名称	
项目所在地	
发包人名称	
发包人地址	
发包人电话	
项目等级	
项目总投资	
合同价格	
承担的勘察设计工作	
勘察设计周期	
项目负责人	
项目完成情况	
项目描述	
备注	

注:1. 申请人应提供______年____月____日以来已完成的类似勘察设计项目情况。每张表格只填写一个项目,并标明序号。

2. 项目完成情况:根据先后顺序分为“初步设计已批复”、“施工图设计已审批”等不同阶段,申请人应根据项目实际完成情况进行填报。

3. 本表后应附中标通知书或合同协议书的复印件,并按照申请人填报的完成情况提供相关业绩证明材料。其中“初步设计已批复”的证明材料应为初步设计批复意见的复印件、“施工图设计已审批”等不同阶段的证明材料应为施工图设计审批意见的复印件,工程规模的解释顺序为:与招标阶段相适应的设计已通过审查的证明文件、合同协议书;如果申请人提供的上述证明材料均无法体现出“申请人须知前附表”附录 2 要求的建设规模或技术指标(如有),则申请人还需提供发包人或行业主管部门出具的证明材料,否则业绩不予认可。

4. 如______年____月____日以来,申请人法人机构发生合法变更或重组或法人名称变更时,应提供相关部门的合法批件或其他相关证明材料来证明其所附业绩的继承性。

5. 以联合体形式申请资格预审的,联合体各成员应分别填写。

① 应与资格审查条件规定的时间一致,下同。

表 4-3　项目负责人资历表

<table>
<tr><td colspan="10">1. 一 般 情 况</td></tr>
<tr><td>姓名</td><td></td><td>性别</td><td></td><td>年龄</td><td></td><td>学位</td><td></td><td>身份证号码</td><td></td></tr>
<tr><td>职称</td><td></td><td colspan="3">为申请人服务时间(年)</td><td colspan="2"></td><td colspan="2">在本合同中拟任职</td><td></td></tr>
<tr><td>学历</td><td colspan="9">年毕业于　　　　　(学校)　　　　　(专业)</td></tr>
<tr><td colspan="10">2. 经　　历</td></tr>
<tr><td>时间</td><td colspan="6">负责过的主要工程(类型和金额)</td><td colspan="2">该项目中任职</td><td>发包人及
联系电话</td></tr>
<tr><td></td><td colspan="6"></td><td colspan="2"></td><td></td></tr>
<tr><td colspan="10">3. 获 奖 情 况</td></tr>
<tr><td colspan="10"></td></tr>
<tr><td colspan="10">4. 目前承担的任务</td></tr>
<tr><td colspan="10"></td></tr>
</table>

注:在本表后应附项目负责人的以下证件或证明材料:

1. 身份证、职称资格证书以及资格审查条件所要求的其他相关证书的复印件、浙江交通网诚信信息系统人员职称等相关证书公开信息打印件等。
2. 提供其满足资格审查条件的担任类似项目的项目负责人的相关业绩证明材料复印件:中标通知书,或合同协议书,或设计批复文件,或发包人、行业主管部门出具的业绩证明;以上材料中应体现人员的姓名和任职。
3. 申请人所属社保机构出具的拟委任的项目负责人参加社保的有效证明材料(近 3 个月,并加盖社保机构单位章);如果申请人属事业法人单位,则由申请人的上级主管部门出具拟委任的项目负责人是申请人本单位职工的书面证明材料。

表 4-4　申请人信誉情况表

申请人应针对第二章“申请人须知前附表”附录 4 的要求,在此对其信誉情况作出说明。

表 4-5　申请人与其他单位资产关联、隶属关系框图

本框图须提供涉及申请人利益关系的所有资产关联情况，应在本框图内明确显示申请人的投资人、母公司、子公司、分公司及其控股和参股公司。

五、其 他 材 料

第五章　工 程 概 况

第五章　工 程 概 况

一、相关区域路网现状及规划（包括道路及交通工程设施现状及规划）

二、建设规模及技术标准

三、招标范围（标段划分及主要工作内容）

四、招标项目位置示意图

第三篇

浙江省公路工程勘察设计
招标文件范本

浙　江　省

______________（项目名称）工程勘察设计

招 标 文 件

（范本）

招　标　人：________________（盖单位章）

招标代理：________________（盖单位章）

______年_____月_____日

说　　明

一、浙江省____________(项目名称)勘察设计招标文件,以交通运输部《公路工程标准勘察设计招标文件》(2011 年版)和浙江省公路工程勘察设计招标投标的有关规定为依据,结合本项目的特点和实际需要编制而成。

招标文件不加修改地引用了《公路工程标准勘察设计招标文件》(2011 年版)中的"投标人须知"、"评标办法"、"通用合同条款"正文。

二、针对本项目的具体特点和实际情况:

在"投标人须知前附表"和"评标办法前附表"中对"投标人须知"、"评标办法"进行了补充、细化。

在"专用合同条款"中,对"通用合同条款"进行了补充、细化或约定。

三、投标人应按招标文件的要求认真编制投标文件,完整地反映招标文件的规定和内容,避免投标文件因不能通过评审而被拒绝。

目　　录

第一章　招 标 公 告

第一章　招 标 公 告①

____________（项目名称）勘察设计招标公告

1. 招标条件

本招标项目____________（项目名称）已由__________（项目审批、核准或备案机关名称）以______________（批文名称及编号）批准建设，项目业主为_________，建设资金来自______________（资金来源），项目出资比例为_________，招标人为____________。项目已具备招标条件，现对该项目的勘察设计进行公开招标。

2. 项目概况与招标范围

_______（说明本次招标项目的建设规模、技术标准、主要结构形式、勘察设计周期、招标范围、标段划分等）。

3. 投标人资格要求

3.1　本次招标要求投标人须具备_______资质，_______业绩，并在人员组成结构等方面具有相应的勘察设计能力。

3.2　本次招标_____（接受或不接受）联合体投标。联合体投标的，应满足下列要求：_________________。

3.3　每个投标人最多可对___（具体数量）个标段投标，且允许中___个标。

4. 招标文件的获取

4.1　凡有意参加投标者，请于_____年___月___日至_____年___月___日（法定公休日、法定节假日除外），每日上午___时至___时，下午___时至___时（北京时间，下同），在_______________（详细地址）持企业法人营业执照副本原件、勘察资质证书副本原件、设计资质证书副本原件、单位介绍信、经办人身份证及上述资料复

① 招标人可根据项目具体特点和实际需要对本章内容进行补充、细化，但应遵守《中华人民共和国招标投标法》、《中华人民共和国招标投标法实施条例》和《招标公告发布暂行办法》等有关法律、法规的规定。

印件[①]一套购买招标文件。参加多个标段投标的投标人必须分别购买相应标段的招标文件,并对每个标段单独递交投标文件。

4.2 招标文件每套售价________元,售后不退。

5. 投标文件的递交及相关事宜

5.1 招标人将于下列时间和地点组织进行工程现场踏勘并召开投标预备会。

踏勘现场时间:______年____月____日____时,集中地点:__________________;

投标预备会时间:______年____月____日____时,地点:____________________。

5.2 投标文件递交的截止时间(投标截止时间,下同)为______年____月____日____时____分,投标人应于当日____时____分至____时____分将投标文件递交至__________________。

5.3 逾期送达的或者未送达指定地点的投标文件,招标人不予受理。

6. 发布公告的媒介

本次招标公告同时在__________(发布公告的媒介名称)上发布。[②]

7. 联系方式

招 标 人:________________________	招标代理机构:____________________
地　　址:________________________	地　　　　址:____________________
邮政编码:________________________	邮 政 编 码:____________________
联 系 人:________________________	联　系　人:____________________
电　　话:________________________	电　　　　话:____________________
传　　真:________________________	传　　　　真:____________________

______年____月____日

① 招标文件中所有复印件均指彩色扫描件或清晰复印件。

② 招标人必须注明所有发布招标公告的媒介名称,应按国家及浙江省有关规定执行,并在浙江交通网上发布。

第二章　投标人须知

第二章　投标人须知

投标人须知前附表[①]

条款号	条款名称	编列内容
1.1.2	招标人	名　称: 地　址: 联系人: 电　话: 传　真:
	招标代理机构	名　称: 地　址: 联系人: 电　话: 传　真:
	项目名称	
	建设地点	
1.2	资金来源	
	出资比例	
	资金落实情况	
1.3	招标范围	□ 初勘、初测 □ 详勘、定测 □ 初步设计 □ 技术设计 □ 施工图设计(含机电工程施工图补充设计、房建工程装饰装修设计,如有) □ 其他:__________[②]
	勘察设计周期	详见专用合同条款第4.1款的规定
1.4.1	投标人资质条件、能力和信誉	资质条件:见附录1 业绩要求:见附录2 人员要求:见附录3 信誉要求:见附录4

① a.“投标人须知前附表”用于进一步明确正文中的未尽事宜,由招标人根据招标项目具体特点和实际需要编制和填写,但务必做到与招标文件中其他章节的衔接,并不得与本章正文内容相抵触。
b.“投标人须知前附表”中的附录表格同属“投标人须知前附表”内容,具有同等效力。
c. 序号相同的章节、条款正文可根据实际需要选择一种,删除另一序号相同的内容。

② 一般应包括:概预算文件编制、施工招标图纸、工程量清单、项目施工专用技术规范编制工作、后续服务及相关科研、专题报告等全部工作。

续上表

条款号	条款名称	编列内容
1.4.2[①]	联合体	□ 不接受 □ 接受,但联合体所有成员数量不得超过____家; 还应满足下列要求:____________
1.9.1	踏勘现场	□ 不组织 □ 组织,踏勘时间: 踏勘集中地点:
1.10.1	投标预备会	□ 不召开 □ 召开,召开时间: 召开地点:
1.11	分　包	□ 不允许 □ 允许
2.1	构成招标文件的其他材料	招标人按规定报备后的标有编号的补遗书(如有)
2.2.1	投标人要求澄清招标文件的截止时间	递交投标文件截止之日____天前(以收到日期为准)提出
2.2.2	投标截止时间	______年____月____日____时____分
2.2.3	投标人确认收到招标文件澄清的时间	收到澄清后__24__小时内(以发出时间为准)
2.3.2	投标人确认收到招标文件修改的时间	收到修改后__24__小时内(以发出时间为准)
3.1.1[②]	投标文件形式	□ 双信封 □ 单信封
3.2.2[③]	招标人是否设有最高投标限价	□ 否 □ 是,最高投标限价将在投标截止时间__7__天前公布
3.2.3[④]	固定勘察设计费	________元(其中含暂列金额____元)

① 本项适用于未进行资格预审的情况。

② 招标人选用综合评估法Ⅰ的,投标文件应采用双信封形式;招标人选用综合评估法Ⅱ的,投标文件应采用单信封形式。

③ 本项适用于综合评估法Ⅰ。

④ 本项适用于综合评估法Ⅱ。

续上表

条款号	条款名称	编列内容
3.3.1	投标有效期	自递交投标文件截止之日起计算____天①
3.4.1	投标保证金	投标保证金金额:________ 投标保证金形式: __________ 投标保证金递交截止时间: ______年 ____ 月____ 日____ 时之前 招标人指定账户的账户名称、开户银行及账号如下: 账户名称:______________ 开户银行:______________ 账　　号:______________
3.7.5	投标文件副本份数	____ 份,另加1份投标文件电子文件(光盘或U盘,如需要)
4.1.2②	封套上写明	投标文件第一信封(商务及技术文件)内层封套: 投标人邮政编码:________________ 投标人地址:______________________ 投标人名称:______________________ 投标人联系人:______________ 投标人联系电话:______________ 招标人地址及名称:__________(寄) 投标文件第二信封(报价清单)内层封套: 投标人邮政编码:________________ 投标人地址:____________________ 投标人名称:____________________ 投标人联系人:______________ 投标人联系电话:______________ 招标人地址及名称:__________(寄) 投标文件外层封套: 送达投标文件地址:________________ 招标人名称:__________________ ______(项目名称)______标段勘察设计投标文件 在______年____月____日____时____分前不得开启

① 一般为90天。

② 本项适用于采用双信封形式的投标文件。

续上表

条款号	条款名称	编列内容
4.1.2①	封套上写明	内层封套: 投标人邮政编码:________ 投标人地址:________ 投标人名称:________ 投标人联系人:________ 投标人联系电话:________ 招标人地址及名称:________(寄) 外层封套: 送达投标文件地址:________ 招标人名称:________ ______(项目名称)____ 标段勘察设计投标文件 在_____年____月____日____时____分前不得开启
4.2.2	递交投标文件地点	
4.2.6	招标人通知延后投标截止时间的时间	原定投标截止时间__7__天前
5.1②	开标时间和地点	投标文件第一信封(商务及技术文件)开标时间:同投标截止时间 投标文件第一信封(商务及技术文件)开标地点:________ 投标文件第二信封(报价清单)开标时间③:________ 投标文件第二信封(报价清单)开标地点:________
5.1④	开标时间和地点	开标时间:同投标截止时间 开标地点:________
5.2.1	开标程序	(4)密封情况检查⑤:由______检查投标文件密封情况; (5)开标顺序:按后递交先开标的顺序开标

① 本项适用于采用单信封形式的投标文件。

② 本项适用于采用双信封形式的投标文件。

③ 在征得所有投标人同意的前提下,可在投标人不在场但评标委员会和监标人均在场的情况下对投标文件第二信封进行开标。

④ 本项适用于采用单信封形式的投标文件。

⑤ 投标文件的密封情况可由监标人或投标人代表检查。

续上表

条款号	条款名称	编列内容
5.2.4	开标程序 （适用于双信封形式第二个信封）	（4）密封情况检查①：由______检查投标文件密封情况； （5）开标顺序：按后递交先开标的顺序开标
6.1.1	评标委员会的组建	评标委员会构成：______人，其中招标人代表______人，专家______人； 评标专家确定方式：从________专家库中随机抽取； 评标委员会主任在库选专家中推荐或随机抽取
6.3	评标办法	本次招标采用：□ 综合评估法Ⅰ □ 综合评估法Ⅱ
7.1	是否授权评标委员会确定中标人	□ 是 □ 否
7.3.1	履约担保	履约担保金额：____签约合同价 履约担保形式：银行保函 出具履约担保的银行级别：国有或股份制商业银行县（区、市）级及以上银行
需要补充的其他内容		
1.4.3	投标人资格要求	1.4.3（10）目细化为： （10）被交通运输部、浙江省交通运输厅、浙江省发展和改革委员会书面通报限制投标，并在处罚期内的
2.4	招标文件的异议	补充2.4款　招标文件的异议： 潜在投标人或者其他利害关系人对招标文件有异议的，应当在投标截止时间10日前提出。招标人应当自收到异议之日起3日内作出答复；作出答复前，应当暂停招标投标活动
3.4	投标保证金	3.4.2项细化为： 投标保证金有效期应与投标有效期一致，招标人如果按本章第3.3.2项的规定延长了投标有效期，则投标保证金的有效期也相应延长

① 投标文件的密封情况可由监标人或投标人代表检查。

续上表

条款号	条款名称	编列内容
3.4	投标保证金	3.4.4 项细化为: 招标人最迟应当在与中标人签订合同后5日内,向未中标的投标人和中标人退还投标保证金及银行同期活期存款利息
7.1	定标	7.1 款细化为: 招标人依据评标委员会推荐的中标候选人经公示后确定中标人,并报经相关主管部门备案;评标委员会推荐中标候选人的人数为1~2名
7.2	中标通知	7.2 款细化为: 在本章第3.3款规定的投标有效期内,并报经相关主管部门备案后,招标人以书面形式向中标人发出中标通知书,同时将中标结果通知未中标的投标人
7.4	签订合同	7.4.2 项细化为: 发出中标通知书后,招标人无正当理由拒签合同的,招标人向中标人退还投标保证金及银行同期活期存款利息。同时,向中标人支付投标保证金等额的违约金。 招标人不得以压低勘察设计费、增加工作量、缩短勘察设计周期等作为中标的条件,不得与中标人再行订立背离合同实质性内容的其他协议。 7.4.5 项细化为: 如果根据《中华人民共和国招标投标法实施条例》第55条和本章第3.6款、第7.3.2项或第7.4.1项等规定,排名第一的中标候选人放弃中标、因不可抗力不能履行合同、不按照招标文件要求提交履约保证金,或者被查实存在影响中标结果的违法行为等情形,不符合中标条件的,招标人可以按照评标委员会提出的中标候选人名单排序依次确定其他中标候选人为中标人,也可以重新招标

续上表

条款号	条款名称	编列内容
9.5	投诉	9.5 款细化为： 投标人或者其他利害关系人对评标结果有异议的，应当在中标候选人公示期间提出。招标人应当自收到异议之日起 3 日内作出答复。 招标人未按期答复异议事项，或投标人（或其他利害关系人）对招标人的答复不满意的，或投标人（或其他利害关系人）认为本次招标活动违反法律、法规和规章规定的，有权向有关行政监督部门投诉。投诉应按《中华人民共和国招标投标法实施条例》及《工程建设项目招标投标活动投诉处理办法》（国家七部委令 2004 年第 11 号）办理。 监督部门：__________ 地　　址：__________ 电　　话：__________ 传　　真：__________ 邮政编码：__________
10.2	结果公示	补充 10.2 款　结果公示： 评标结束后，招标人将评标结果、废标原因及依据在________公示____日
10.3	行贿查询	补充 10.3 款　行贿查询： 对公示的推荐中标候选人和拟委任的项目负责人，招标人将向检察机关职务犯罪预防部门进行行贿犯罪档案查询，查实推荐中标候选人或拟委任的项目负责人自______年____月____日以来①有行贿犯罪行为的（以法院判决书认定行为和出具的时间为准），则取消该中标候选人的中标资格

① 近三年。

附录 1　资格审查条件(资质最低条件)①

标　段	勘察设计企业资质等级要求
	1. 投标人应具备____________资质; 2. 设计甲、乙级资质的投标人应列入全国公路建设市场信用信息管理系统中的设计资质企业名录,且投标人名称与全国公路建设市场信用信息管理系统中的名录相符。对于未进入名录或名称与名录不符的投标人,不得通过资格审查

① 具体资质要求由招标人在满足国家相关法律、法规前提下,根据招标项目具体特点和实际情况确定。招标人招标时应严格按照国家有关勘察设计单位资质管理的规定,不得随意提高资质等级要求或让没有资质的单位参加投标,单位的资质等级要求应与工程规模相适应。

附录 2　资格审查条件(业绩最低要求)[①]

标　　段	业　绩　要　求
	自______年______月 1 日以来,完成过 1 条里程在______ km 以上(公路等级)公路的勘察; 自______年______月 1 日以来,完成过 1 条里程在______ km 以上(公路等级)公路的设计; ……

① 具体业绩要求由招标人在满足国家相关法律、法规前提下,根据招标项目具体特点和实际情况确定,但不得设置过高的业绩资格条件。

附录3 资格审查条件(主要人员最低要求)[①]

人　员	数　量	资格要求
项目负责人	1	具有______职称,______年及以上勘察设计相关工作经验,______年____月____日以来主持过1条里程在____km以上(公路等级)公路的勘察设计任务;自______年____月1日以来[②],无行贿犯罪行为(以法院判决书认定行为和出具的时间为准)
路线分项负责人	1	具有______职称,______年及以上勘察设计相关工作经验,______年____月____日以来承担过1条里程在____km以上(公路等级)公路的路线分项负责人任务
路基路面分项负责人	1	……
桥涵分项负责人	1	……
隧道分项负责人	1	……
路线交叉分项负责人	1	……
安全设施分项负责人	1	……
工程地质勘察分项负责人	1	具有______职称,注册岩土工程师执业资格,______年及以上勘察设计相关工作经验,______年____月____日以来承担过1条里程在____km以上(公路等级)公路的工程地质勘察分项负责人任务
工程造价分项负责人	1	具有______职称,注册造价工程师或交通运输部公路工程造价甲级资格证书,______年____月____日以来承担过1条里程在____km以上(公路等级)公路的工程造价分项负责人任务
后续服务工作负责人	1	由负责本勘察设计项目的项目负责人或分项负责人担任

① 主要人员应包括项目负责人、分项负责人等,对主要人员的最低要求,由招标人在满足国家相关法律、法规前提下,根据招标项目具体特点和实际情况确定,但不得设置过高的资格条件。一般只要求提供一个类似项目业绩。

② 近三年。

附录4　资格审查条件(信誉最低要求)①

标　　段	信誉要求
各标段	1. 不存在“投标人须知”第1.4.3项的情形； 2. 自______年____月1日以来②,投标人无行贿犯罪行为(以法院判决书认定行为和出具的时间为准)

① 具体信誉要求由招标人在满足国家相关法律、法规前提下,根据招标项目具体特点和实际情况确定。

② 近三年。

1. 总则

1.1 项目概况

1.1.1 根据《中华人民共和国招标投标法》等有关法律、法规和规章的规定,本招标项目已具备招标条件,现对本标段勘察设计进行招标。

1.1.2 本招标项目招标人、标代理机构、项目名称及建设地点:见“投标人须知前附表”。

1.2 资金来源和落实情况

本招标项目的资金来源、出资比例及资金落实情况:见“投标人须知前附表”。

1.3 招标范围和勘察设计周期

本次招标范围及勘察设计周期:见“投标人须知前附表”。

1.4 投标人资格要求

1.4.1 本招标项目对投标人资质条件、业绩、人员、信誉的要求见“投标人须知前附表”。

1.4.2 “投标人须知前附表”规定接受联合体投标的,除应符合本章第 1.4.1 项和“投标人须知前附表”的要求外,还应遵守以下规定:

(1)联合体各方应按招标文件提供的格式签订联合体协议书,明确联合体牵头人和各方权利义务;

(2)由同一专业的单位组成的联合体,按照资质等级较低的单位确定资质等级;

(3)联合体各方不得再以自己名义单独或参加其他联合体在同一标段中投标,否则,相关投标文件均作废标处理;

(4)联合体各方应分别按照本招标文件的要求,填写投标文件中的相应表格,并由联合体牵头人负责对联合体各成员的资料进行统一汇总后一并提交给招标人;联合体牵头人所提交的投标文件应认为已代表了联合体各成员的真实情况;

(5)尽管委任了联合体牵头人,但联合体各成员在投标、签约与履行合同过程中,仍负有连带的和各自的法律责任。

1.4.3 投标人不得存在下列任一情形:

(1)为招标人不具有独立法人资格的附属机构(单位);

(2)为本招标项目的代建人;

(3)为本招标项目提供招标代理服务的;

(4)与本招标项目的代建人或招标代理机构同为一个法定代表人的;

(5)与本招标项目的代建人或招标代理机构相互控股或参股的;

(6)与本招标项目的代建人或招标代理机构相互任职或工作的;

(7)被责令停业的；

(8)财产被接管或冻结的；

(9)经评标委员会认定会对承担本招标项目造成重大影响的正在诉讼的案件；

(10)被省级及以上交通运输主管部门取消项目所在地的投标资格或禁止进入该区域公路建设市场且处罚期未满的；

(11)为投资参股本招标项目的法人单位。

1.5　费用承担

投标人准备和参加投标活动发生的所有费用自理。

1.6　保密

参与招标投标活动的各方应对招标文件和投标文件中的商业和技术等秘密保密，违者应对由此造成的后果承担法律责任。

1.7　语言文字

除专用术语外，与招标投标有关的语言均使用中文。必要时专用术语应附有中文注释。

1.8　计量单位

所有计量均采用中华人民共和国法定计量单位。

1.9　踏勘现场

1.9.1　“投标人须知前附表”规定组织踏勘现场的，招标人按“投标人须知前附表”规定的时间、地点组织投标人踏勘项目现场。

1.9.2　投标人踏勘现场发生的费用自理。

1.9.3　除招标人的原因外，投标人自行负责在踏勘现场中所发生的人员伤亡和财产损失。

1.9.4　招标人在踏勘现场中介绍的工程场地和相关的周边环境情况，供投标人在编制投标文件时参考，招标人不对投标人据此作出的判断和决策负责。

1.10　投标预备会

1.10.1　“投标人须知前附表”规定召开投标预备会的，招标人按“投标人须知前附表”规定的时间和地点召开投标预备会，澄清投标人提出的问题。

1.10.2　投标人应以书面形式(包括信函、电报、传真等可以有形地表现所载内容的形式，下同)将提出的问题送达招标人，以便招标人澄清。

1.10.3　投标预备会后，招标人在投标人须知第2.2.2项规定的时间内，将对投标人所提问题的澄清，以书面方式通知所有购买招标文件的投标人。该澄清内容为招标文件的组成部分。

1.11 分包

本项目严禁转包和违规分包,且不得再次分包。投标人拟在中标后将中标项目的部分非主体、非关键性工作进行分包的,应符合以下规定:

(1)分包内容要求:允许分包的范围仅限于工程设计中跨专业或者有特殊要求的勘察设计工作,且必须经发包人同意和批准。

(2)分包人的资格要求:拟定的分包人应具有相应的资质,其资格能力应与其分包工作的标准和规模相适应。

(3)其他要求:投标人应将拟定的分包计划,按第六章"投标文件格式"的要求填写"拟分包项目情况表"并提供相关证件的复印件(如有分包),且投标人中标后的分包应满足合同条款第3.6款的相关要求。

1.12 偏差

偏差分重大偏差和细微偏差。①

1.12.1 投标文件不符合第三章"评标办法"所列的资格审查和初步评审标准以及按照第三章"评标办法"规定对投标价进行算术性错误修正后,最终投标报价超过最高投标限价(如有)的,属于重大偏差,视为未能对招标文件作出实质性响应,按废标处理。

1.12.2 投标文件中的下列偏差为细微偏差:

(1)在按照第三章"评标办法"的规定对投标价进行算术性错误修正后,最终投标报价未超过最高投标限价(如有)的情况下,出现第三章"评标办法"所列的投标报价的算术性错误;

(2)技术建议书不够完善。

1.12.3 评标委员会对投标文件中的细微偏差按如下规定处理:

(1)对于本章第1.12.2项(1)目所述的细微偏差,按照第三章"评标办法"第2.8款的规定予以修正并要求投标人进行澄清;

(2)对于本章第1.12.2项(2)目所述的细微偏差,评标委员会可在相关评审因素的评分中酌情扣分,但最多扣分不得超过各评审因素满分分值的40%。

2. 招标文件

2.1 招标文件的构成

本招标文件包括:

(1)招标公告;

(2)投标人须知;

① 招标人选用综合评估法Ⅱ的,无须按照第三章"评标办法"规定对投标报价进行算术性错误修正,则本款与之相关内容不适用。

(3)评标办法;

(4)合同条款及格式;

(5)勘察设计技术要求;

(6)投标文件格式;

(7)“投标人须知前附表”规定的其他材料。

根据本章第1.10款、第2.2款和第2.3款对招标文件所作的澄清、修改,统称为“补遗书”,构成招标文件的组成部分。

当招标文件、招标文件的澄清或修改等在同一内容的表述上不一致时,以最后发出的书面文件为准。

2.2　招标文件的澄清

2.2.1　投标人应仔细阅读和检查招标文件的全部内容。如发现缺页或附件不全,应及时向招标人提出,以便补齐。如有疑问,应以书面形式要求招标人对招标文件予以澄清。

2.2.2　招标文件的澄清将在“投标人须知前附表”规定的投标截止时间15天前以书面形式发给所有购买招标文件的投标人,但不指明澄清问题的来源。如果澄清发出的时间距投标截止时间不足15天,相应延长投标截止时间。招标人有责任保证所有购买招标文件的投标人收到招标文件的澄清。

2.2.3　投标人在收到澄清后,应在“投标人须知前附表”规定的时间内以书面形式通知招标人,确认已收到该澄清。

2.3　招标文件的修改

2.3.1　在投标截止时间15天前,招标人可以书面形式修改招标文件,并通知所有已购买招标文件的投标人。如果修改招标文件的时间距投标截止时间不足15天,相应延长投标截止时间。招标人有责任保证所有购买招标文件的投标人收到招标文件的修改。

2.3.2　投标人收到修改内容后,应在“投标人须知前附表”规定的时间内以书面形式通知招标人,确认已收到该修改。

3. 投标文件

3.1　投标文件的构成

3.1.1　投标文件采用的形式见“投标人须知前附表”。

3.1.2　若采用双信封形式,投标文件构成如下:

第一信封(商务及技术文件)

第一卷　商务文件

(1)投标函;

(2)法定代表人身份证明或法定代表人的授权委托书;

(3)联合体协议书;

(4)投标保证金;

(5)拟分包项目情况表;

(6)资格审查表;

(7)其他材料;

第二卷　技术文件

(8)技术建议书。

第二信封(报价清单)

第三卷　报价清单

(1)报价函;

(2)报价清单说明;

(3)公路工程勘察工作报价清单表;

(4)公路工程设计工作报价清单表;

(5)报价清单汇总表。

3.1.3　若采用单信封形式,投标文件构成如下:

第一卷　商务文件

(1)投标函;

(2)法定代表人身份证明或法定代表人的授权委托书;

(3)联合体协议书;

(4)投标保证金;

(5)拟分包项目情况表;

(6)资格审查资料;

(7)其他材料;

第二卷　技术文件

(8)技术建议书。

3.1.4　“投标人须知前附表”规定不接受联合体投标的,或投标人没有组成联合体的,投标文件不包括本章第 3.1.2(3)目或 3.1.3(3)目所指的联合体协议书。

3.2　投标报价

3.2.1　投标人应根据《工程勘察设计收费标准》的相关规定以及本招标文件规定的勘察设计工作内容和计划工作量,自行测算勘察设计费用。

3.2.2　若采用综合评估法Ⅰ,则投标人应按第六章“投标文件格式”中的“报价清单”的要求填写相应表格。招标人设有最高投标限价的,应在“投标人须知前附表”中明确;同时,本项目投标人的投标报价不得高于招标人公布的最高投标限价(如有),否则作废标处理。

3.2.3　若采用综合评估法Ⅱ,招标人将在“投标人须知前附表”中公布本项目的固定勘察设计费。投标人应按招标人公布的固定勘察设计费在投标函中填报;投标人未按固定勘察设计费填报的,作废标处理。

3.3　投标有效期

3.3.1　在“投标人须知前附表”规定的投标有效期内,投标人不得要求撤销或修改其投标文件。

3.3.2　出现特殊情况需要延长投标有效期的,招标人以书面形式通知所有投标人延长投标有效期。投标人同意延长的,应相应延长其投标保证金的有效期,但不得要求或被允许修改或撤销其投标文件;投标人拒绝延长的,其投标失效,但投标人有权收回其投标保证金。

3.4　投标保证金

3.4.1　投标人在递交投标文件的同时,应按“投标人须知前附表”规定的金额、担保形式和第六章“投标文件格式”规定的投标保证金格式递交投标保证金,并作为其投标文件的组成部分。联合体投标的,其投标保证金由牵头人递交,并应符合“投标人须知前附表”的规定。

投标保证金必须选择下列任一种形式:电汇、银行保函或招标人规定的其他形式。

(1)若采用电汇,投标人应在“投标人须知前附表”规定的投标保证金递交截止时间之前,将投标保证金由投标人的基本账户一次性汇入招标人指定账户,否则视为投标保证金无效。招标人指定账户的账户名称、开户银行及账号见“投标人须知前附表”。

(2)若采用银行保函,则应由投标人开立基本账户的银行开具。银行保函应采用招标文件提供的格式,银行保函原件应装订在投标文件的正本之中。

3.4.2　投标保证金应在投标有效期满后30天内保持有效,招标人如果按本章第3.3.2项的规定延长了投标有效期,则投标保证金的有效期也相应延长。

3.4.3　投标人不按本章第3.4.1项和第3.4.2项要求提交投标保证金的,其投标文件作废标处理。

3.4.4　招标人最迟应当在与中标人签订合同后5日内,向未中标的投标人和中标人退还投标保证金。

3.4.5　有下列情形之一的,投标保证金将不予退还:

(1)投标人在规定的投标有效期内撤销或修改其投标文件;

(2)中标人在收到中标通知书后,无正当理由拒签合同协议书或未按招标文件规定提交履约担保;

(3)投标人不接受依据评标办法的规定对其投标文件中细微偏差进行澄清和补正;

(4)投标人提交了虚假资料。

3.5 资格审查表

3.5.1 投标人须按招标文件第六章“投标文件格式”中规定的表格内容填写资格审查表,并按各资格审查表的具体要求提供相关证件及证明材料。

3.5.2 “投标人须知前附表”规定接受联合体投标的,本章第3.5.1项规定的表格和资料应包括联合体各方相关情况。

3.5.3 投标人在投标文件中填报的主要人员不允许更换。

3.6 投标人信息的核查

招标人有权核查投标人在投标文件中提供的材料,若在评标期间发现投标人提供了虚假资料,招标人有权对投标人的投标文件作废标处理,并没收其投标担保;若在评标结果公示期间发现作为中标候选人的投标人提供了虚假资料,招标人有权取消其中标资格并没收其投标担保;若在合同实施期间发现投标人提供了虚假资料,招标人有权从合同价款或履约担保中扣除不超过5%签约合同价的金额作为违约金。同时招标人将投标人以上弄虚作假行为上报省级交通运输主管部门,作为不良记录纳入公路建设市场信用信息管理系统。

3.7 投标文件的编制

3.7.1 投标文件应按第六章“投标文件格式”进行编写,如有必要,可以增加附页,作为投标文件的组成部分。

3.7.2 投标文件应当对招标文件有关勘察设计周期、投标有效期、技术要求、招标范围等实质性内容作出响应。

若采用双信封形式,第3.7.3项采用以下条款:

3.7.3 投标文件应用不褪色的材料书写或打印。投标文件第二信封(报价清单)正本中的所有内容应由投标人的法定代表人或其委托代理人逐页签署姓名(本页正文内容已由投标人的法定代表人或其委托代理人签署姓名的可不签署)并逐页加盖投标人单位章(本页正文内容已加盖单位章的除外)。

若采用单信封形式,第3.7.3项采用以下条款:

3.7.3 投标文件应用不褪色的材料书写或打印。

3.7.4 如果投标文件由委托代理人签署,则投标人需提交法定代表人的授权委托书,授权委托书应按规定的书面方式出具,并由法定代表人和委托代理人亲笔签名,不得使用印章、签名章或其他电子制版签名代替。经公证机关对授权委托书中投标人法定代表人的签名、委托代理人的签名、投标人的单位章的真实性作出有效公证后,原件应装订在投标文件的正本之中。公证书出具的日期应与授权委托书出具的日期同日或在其之后。

如果由投标人的法定代表人亲自签署投标文件,则不需提交授权委托书,但应按规定的书面方式出具法定代表人身份证明,并由法定代表人亲笔签名,不得使用印章、签名章或其他电子制版签名代替。经公证机关对法定代表人身份证明中法定代表人的签名、投标人的单位章的真实性作出有效公证后,原件应装订在投标文件的正本之中。公证书出具的日期应与法定代表人身份证明出具的日期同日或在其之后。

以联合体形式参与投标的,投标文件正本由联合体牵头人的法定代表人或其委托代理人按上述规定签署并加盖联合体牵头人单位章。法定代表人授权委托书(或法定代表人身份证明)须由联合体牵头人按上述规定出具并公证。

投标文件应尽量避免涂改、行间插字或删除。如果出现上述情况,改动之处应加盖单位章或由投标人的法定代表人或其授权的代理人签字确认。

3.7.5　投标文件正本一份,副本份数见“投标人须知前附表”。正本和副本的封面上应清楚地标记“正本”或“副本”的字样。当副本和正本不一致时,以正本为准。

3.7.6　投标文件的正本与副本应分别装订成册,并编制目录、且逐页标注连续页码。投标文件不得采用活页夹装订,否则,招标人对由于投标文件装订松散而造成的丢失或其他后果不承担任何责任。

4. 投标

4.1　投标文件的密封和标识

若采用双信封形式,第 4.1.1 项和 4.1.2 项采用以下条款:

4.1.1　本次招标采用双信封形式,第一信封(商务及技术文件)的正本与副本统一包装在一个内层封套中。第二信封(报价清单)的正本与副本及投标文件电子文件(如需要)统一包装在同一个内层封套里,然后将第一、第二信封统一密封在一个外层封套中。内层和外层封套均应加贴封条并在封口处加盖密封章。外层封套上不应有任何投标人的识别标志。

4.1.2　投标文件的内层封套上应清楚地标记“投标文件第一信封(商务及技术文件)”或“投标文件第二信封(报价清单)”,封套上应写明的其他内容见“投标人须知前附表”。

若采用单信封形式,第 4.1.1 项和 4.1.2 项采用以下条款:

4.1.1　投标文件的正本、副本及投标文件电子文件(如需要)统一包装在同一个内层封套里,然后统一密封在一个外层封套中。内层和外层封套均应加贴封条并在封口处加盖密封章。外层封套上不应有任何投标人的识别标志。

4.1.2　投标文件的内、外层封套上应写明的内容见“投标人须知前附表”。

4.1.3　未按本章第 4.1.1 项和第 4.1.2 项要求对外层封套进行密封和加写标记的投标文件,招标人不予受理。

4.2　投标文件的递交

4.2.1　投标人应在本章第 2.2.2 项规定的投标截止时间前递交投标文件。

4.2.2 投标人递交投标文件的地点:见“投标人须知前附表”。

4.2.3 投标人所递交的投标文件不予退还。

4.2.4 招标人收到投标文件后,向投标人出具签收凭证。

4.2.5 逾期送达的或者未送达指定地点的投标文件,招标人不予受理。

4.2.6 在特殊情况下,招标人如果决定延后投标截止时间,应在“投标人须知前附表”规定的时间前,以书面形式通知所有投标人延后投标截止时间。在此情况下,招标人和投标人的权利和义务相应延后至新的投标截止时间。

4.3 投标文件的修改与撤回

4.3.1 在本章第 2.2.2 项规定的投标截止时间前,投标人可以修改或撤回已递交的投标文件,但应以书面形式通知招标人。

4.3.2 投标人修改或撤回已递交投标文件的书面通知应按照本章第 3.7 款的要求签字或盖单位章。招标人收到书面通知后,向投标人出具签收凭证。

4.3.3 修改的内容为投标文件的组成部分。修改的投标文件应按照本章第 3 条、第 4 条规定进行编制、密封、标记和递交,并标明“修改”字样。

5. 开标

若采用双信封形式,第 5.1 款采用以下条款:

5.1 开标时间和地点

招标人将按照本章“投标人须知前附表”第 5.1 款规定的开标时间和地点分别对投标文件第一信封(商务及技术文件)和投标文件第二信封(报价清单)公开开标,并邀请所有投标人的法定代表人或其委托代理人准时参加。

投标人若未派法定代表人或委托代理人出席开标活动,或未在开标记录上签字,视为该投标人默认开标结果。

若采用单信封形式,第 5.1 款采用以下条款:

5.1 开标时间和地点

招标人将按照本章“投标人须知前附表”第 5.1 款规定的开标时间和地点公开开标,并邀请所有投标人的法定代表人或其委托代理人准时参加。

投标人若未派法定代表人或委托代理人出席开标活动,或未在开标记录上签字,视为该投标人默认开标结果。

若采用双信封形式,第 5.2 款采用以下条款:

5.2 开标程序

5.2.1 主持人按下列程序对投标文件第一信封(商务及技术文件)进行开标:

(1)宣布开标纪律;

(2)公布在投标截止时间前递交投标文件的投标人名称,并点名确认投标人是否派人到场;

(3)宣布开标人、唱标人、记录人、监标人等有关人员姓名;

(4)按照"投标人须知前附表"规定检查投标文件的密封情况;

(5)按照"投标人须知前附表"的规定确定并宣布投标文件开标顺序;

(6)按照宣布的开标顺序当众开标,公布投标人名称、标段名称、投标函的相关内容,并记录在案;

(7)投标人代表、招标人代表、监标人、记录人等有关人员在开标记录上签字确认;

(8)开标会议结束。

5.2.2　若招标人宣读的内容与投标文件不符时,投标人有权在开标现场提出异议,经监标人当场核查确认之后,可重新宣读其投标文件。若投标人现场未提出异议,则认为投标人已确认招标人宣读的内容。

5.2.3　投标文件第二信封(报价清单)不予开封,并交监标人密封保存。

5.2.4　招标人将按照本章第5.1款规定的时间和地点对投标文件第二信封(报价清单)进行开标。主持人按下列程序进行开标:

(1)宣布开标纪律;

(2)当众拆开投标文件第一信封(商务及技术文件)评审结果的密封袋,宣布通过投标文件第一信封(商务及技术文件)评审①的投标人名单,并点名确认投标人是否派人到场;

(3)宣布开标人、唱标人、记录人、监标人等有关人员姓名;

(4)按照"投标人须知前附表"规定检查投标文件的密封情况;

(5)按照"投标人须知前附表"的规定确定并宣布投标文件开标顺序;

(6)按照宣布的开标顺序对通过投标文件第一信封(商务及技术文件)评审的投标文件第二信封(报价清单)当众开标,公布投标文件第二信封(报价清单)的投标人名称、标段名称、投标报价,并记录在案;

(7)投标人代表、招标人代表、监标人、记录人等有关人员在开标记录上签字确认;

(8)开标会议结束。

5.2.5　第二信封(报价清单)开标过程中,若招标人发现投标人未在报价函上填写投标总价,招标人应如实记录并经监标人签字确认后提交给评标委员会。

5.2.6　若招标人宣读的内容与投标文件不符时,投标人有权在开标现场提出异议,经监标人当场核查确认之后,可重新宣读其投标文件。若投标人现场未提出异议,则认为投标人已确认招标人宣读的内容。

---

① 通过投标文件第一信封(商务及技术文件)评审,是指第一信封(商务及技术文件)通过了评标办法规定的资格审查和初步评审,未出现废标情况。

若采用单信封形式,第 5.2 款采用以下条款:

5.2 开标程序

5.2.1 主持人按下列程序进行开标:

(1)宣布开标纪律;

(2)公布在投标截止时间前递交投标文件的投标人名称,并点名确认投标人是否派人到场;

(3)宣布开标人、唱标人、记录人、监标人等有关人员姓名;

(4)按照“投标人须知前附表”规定检查投标文件的密封情况;

(5)按照“投标人须知前附表”的规定确定并宣布投标文件开标顺序;

(6)按照宣布的开标顺序当众开标,公布投标人名称、标段名称、投标函的相关内容,并记录在案;

(7)投标人代表、招标人代表、监标人、记录人等有关人员在开标记录上签字确认;

(8)开标会议结束。

5.2.2 若招标人宣读的内容与投标文件不符时,投标人有权在开标现场提出异议,经监标人当场核查确认之后,可重新宣读其投标文件。若投标人现场未提出异议,则认为投标人已确认招标人宣读的内容。

6. 评标

6.1 评标委员会

6.1.1 评标由招标人依法组建的评标委员会负责。评标委员会由招标人熟悉相关业务的代表,以及有关技术、经济等方面的专家组成。评标委员会成员人数为 5 人以上单数,其中技术、经济等方面的专家人数应不少于成员总数的 2/3,具体构成见“投标人须知前附表”。

6.1.2 评标委员会成员有下列情形之一的,应当回避:

(1)招标人或投标人的主要负责人的近亲属;

(2)项目主管部门或者行政监督部门的人员;

(3)与投标人有经济利益关系,可能影响对投标公正评审的;

(4)曾因在招标、评标以及其他与招标投标有关活动中从事违法行为而受过行政处罚或刑事处罚的。

6.2 评标原则

评标活动遵循公平、公正、科学和择优的原则。

6.3 评标

本项目采用的评标方法见“投标人须知前附表”。评标委员会按照第三章“评标办法”的规定对投标文件进行评审。第三章“评标办法”没有规定的方法、评审因素和评分值,不作为评标依据。

6.4　评标结果公示

评标结果应在招标项目所在地省级交通运输主管部门政府网站上公示。

7. 合同授予

7.1　定标

除“投标人须知前附表”规定授权评标委员会直接确定中标人外,招标人依据评标委员会推荐的中标候选人确定中标人。

7.2　中标通知

在本章第3.3款规定的投标有效期内,招标人以书面形式向中标人发出中标通知书,同时将中标结果通知未中标的投标人。

7.3　履约担保

7.3.1　在签订合同前,中标人应按“投标人须知前附表”规定的金额、担保形式和招标文件第四章“合同条款及格式”规定的履约担保格式向招标人提交履约担保。联合体中标的,其履约担保由牵头人递交,并应符合“投标人须知前附表”规定的金额、担保形式和招标文件第四章“合同条款及格式”规定的履约担保格式要求。采用银行保函时,出具银行保函的银行级别在“投标人须知前附表”中说明,所需的费用由中标人承担,中标人应保证银行保函有效。

7.3.2　中标人不能按本章第7.3.1项要求提交履约担保的,视为放弃中标,其投标保证金不予退还,并由招标人将其行为上报省级交通运输主管部门,作为不良记录纳入公路建设市场信用信息管理系统。

7.4　签订合同

7.4.1　招标人和中标人应当自中标通知书发出之日起30天内,根据招标文件和中标人的投标文件订立书面合同。中标人无正当理由拒签合同的,招标人取消其中标资格,其投标保证金不予退还,并由招标人将其行为上报省级交通运输主管部门,作为不良记录纳入公路建设市场信用信息管理系统。

7.4.2　发出中标通知书后,招标人无正当理由拒签合同的,招标人向中标人退还投标保证金。

招标人不得以压低勘察设计费、增加工作量、缩短勘察设计周期等作为中标的条件,不得与中标人再行订立背离合同实质性内容的其他协议。

7.4.3 签约合同价的确定原则如下：[①]

(1)按照评标办法规定对投标报价进行修正后,若修正后的最终投标报价小于第二信封开标时的报价函文字报价,则签订合同时以修正后的最终投标报价为准;

(2)按照评标办法规定对投标报价进行修正后,若修正后的最终投标报价大于第二信封开标时的报价函文字报价,则签订合同时以开标时的报价函文字报价为准,同时按比例修正相应子目的单价或合价。

7.4.4 合同协议书经双方法定代表人或其授权的代理人签署并加盖单位章后生效。若为联合体投标,则联合体各成员的法定代表人或其授权的代理人都应在合同协议书上签署并加盖单位章。发包人和中标人在签订合同协议书的同时需按照本招标文件规定的格式和要求签订廉政合同,明确双方在廉政建设方面的权利和义务以及应承担的违约责任。

7.4.5 如果根据本章第 3.6 款、第 7.3.2 项或第 7.4.1 项规定,招标人取消了中标人的中标资格,在此情况下,招标人可将合同授予下一个中标候选人,或者按规定重新组织招标。

8. 重新招标和不再招标

8.1 重新招标

有下列情形之一的,招标人将重新招标:

(1)投标截止时间止,投标人少于 3 个的;

(2)经评标委员会评审后否决所有投标的;

(3)中标候选人均未与招标人签订合同的;

(4)法律规定的其他情形。

8.2 不再招标

重新招标后投标人仍少于 3 个或者所有投标被否决的,属于必须审批或核准的工程建设项目,经原审批或核准部门批准后不再进行招标。

9. 纪律和监督

9.1 对招标人的纪律要求

招标人不得泄漏招标投标活动中应当保密的情况和资料,不得与投标人串通损害国家利益、社会公共利益或者他人合法权益。

① 本项适用于按照综合评估法 I 评标的项目。

9.2　对投标人的纪律要求

投标人不得相互串通投标或者与招标人串通投标，不得向招标人或者评标委员会成员行贿谋取中标，不得以他人名义投标或者以其他方式弄虚作假骗取中标；投标人不得以任何方式干扰、影响评标工作。

9.3　对评标委员会成员的纪律要求

评标委员会成员不得收受他人的财物或者其他好处，不得向他人透漏对投标文件的评审和比较、中标候选人的推荐情况以及评标有关的其他情况。在评标活动中，评标委员会成员不得擅离职守，影响评标程序正常进行，不得使用第三章“评标办法”没有规定的评审因素和标准进行评标。

9.4　对与评标活动有关的工作人员的纪律要求

与评标活动有关的工作人员不得收受他人的财物或者其他好处，不得向他人透漏对投标文件的评审和比较、中标候选人的推荐情况以及评标有关的其他情况。在评标活动中，与评标活动有关的工作人员不得擅离职守，影响评标程序正常进行。

9.5　投诉

投标人和其他利害关系人认为本次招标活动违反法律、法规和规章规定的，有权向有关行政监督部门投诉。

监督部门的联系方式见“投标人须知前附表”。

10. 其他规定

10.1　自购买招标文件之日起，投标人应保证其提供的联系方式（电话、传真、电子邮件）一直有效，以保证往来函件（招标文件的澄清、修改等）能及时通知投标人，并能及时反馈信息，否则招标人不承担由此引起的一切后果。

需要补充的其他内容：见“投标人须知前附表”。

附件 1

工程概况及招标范围

一、相关区域路网现状及规划(包括道路及交通工程设施现状及规划)

二、建设规模及技术标准

三、招标范围(标段划分及主要工作内容)

四、招标项目位置示意图

附件 2

勘察设计原始资料

一、招标人向各投标人提供下列原始文件

前一阶段研究或设计的成果文件及相应的批件(复印件)各一份。

二、下述资料由投标人依据设计需要自行搜集

公路工程(不含交通工程)勘察设计:

投标人应根据实际需要,自行搜集或购买全部地形图、地质图、规划图及所涉及的其他图纸或资料,自费进行工程测量、工程勘察、研究试验及有关协调(包括签订协议)、调查和资料搜集等工作。

公路工程(交通工程)勘察设计:

1. 相关路网交通工程设施的配置资料(包括通信、监控、收费、供配电、照明等设施)。

2. 沿线供电资料。

3. 沿线管线资料。

4. 沿线气象、环境、人文景观的有关资料。

5. 相关路网的管理运营体制资料。

6. 相关路网服务设施设置情况的资料。

7. 与交通工程相关的规划资料。

附表一

______(项目名称)____标段勘察设计第一信封(商务及技术文件)开标记录表[①]

开标时间:______年____月____日____时____分

序号	投标人	送达情况	密封情况	项目负责人	是否参加第二信封开标	备注	签名

招标人代表:________　　记录人:________　　监标人:________

______年____月____日

①《浙江省公路工程勘察设计招标文件范本》中按照双信封形式提供了开标记录表,招标人可根据项目具体特点和实际情况进行修改。

附表二

______(项目名称)____标段勘察设计第二信封 (报价清单)开标记录表①

开标时间：______年____月____日____时____分

序　号	投　标　人	投 标 报 价	备　注	签　名

招标人代表：________　　记录人：________　　监标人：________

______年____月____日

① 《浙江省公路工程勘察设计招标文件范本》中按照双信封形式提供了开标记录表，招标人可根据项目具体特点和实际情况进行修改。

附表三

问题澄清通知

编号：

____________(投标人名称)：

____________(项目名称)勘察设计招标的评标委员会,对你方的投标文件进行了仔细的审查,现需你方对下列问题以书面形式予以澄清：

1.

2.

……

请将上述问题的澄清于______年____月____日____时前递交至______________(详细地址)或传真至____________(传真号码)。采用传真方式的,应在______年____月____日____时前将原件递交至______________(详细地址)。

__________(项目名称)勘察设计招标评标委员会

评标委员会主任：____________________(签字)

招标人：________________________(盖单位章)

______年____月____日

附表四

问题的澄清

编号：

__________（项目名称）勘察设计招标评标委员会：

问题澄清通知（编号：________）已收悉，现澄清如下：

1.

2.

……

投标人：________________________（盖单位章）

法定代表人或其委托代理人：__________（签字）

______年____月____日

附表五

中标通知书

__________(中标人名称):

你方于__________(投标日期)所递交的__________(项目名称)_____标段勘察设计投标文件已被我方接受,被确定为中标人。

中标价:_____________元。

勘察设计周期:__________。

项目负责人:_________(姓名)。

请你方在接到本通知书后的____日内到________________(指定地点)与我方签订勘察设计合同,在此之前按招标文件第二章“投标人须知”第 7.3 款规定向我方提交履约担保。

特此通知。

招标人:______________(盖单位章)

招标代理:_____________(盖单位章)

_____年____月____日

附表六

中标结果通知书

____________（未中标人名称）：

我方已接受______________（中标人名称）于_____________（投标日期）所递交的____________（项目名称）______标段勘察设计投标文件，确定____________（中标人名称）为中标人。

感谢你单位对我们工作的大力支持！

招标人：________________（盖单位章）
招标代理：______________（盖单位章）

______年____月____日

附表七

确 认 通 知

__________(招标人名称):

我方已接到你方_____年___月___日发出的__________(项目名称)_____标段勘察设计招标关于__________的通知,我方已于_____年___月___日收到。

特此确认。

投标人:__________(盖单位章)

_____年___月___日

第三章　评 标 办 法

第三章　评标办法(综合评估法Ⅰ)

评标办法前附表[①]

条款号	条 款 名 称	评审因素与评审标准
2.2	第一信封资格审查	**(1)投标人具备有效的营业执照和基本账户开户许可证;** **(2)投标人的资质证书有效且等级符合招标文件第二章“投标人须知前附表”附录1的规定;** **(3)投标人的业绩符合招标文件第二章“投标人须知前附表”附录2的规定;** 业绩证明应附中标通知书(或合同协议书)、与招标阶段相适应的设计批复文件的复印件[②]。工程规模的解释顺序为:与招标阶段相适应的设计已通过审查的证明文件、合同协议书;如果投标人提供的上述证明材料均无法体现出“投标人须知前附表”附录2要求的建设规模或技术指标(如有),则投标人还需提供发包人或行业主管部门出具的证明材料,否则业绩不予认可。 投标人应携带相关业绩证明材料原件至开标现场,以备核验。 **(4)投标人的主要人员资格符合招标文件第二章“投标人须知前附表”附录3的规定;** 主要人员证明材料应附:a. 投标人所属社保机构出具的拟委任的主要人员参加社保的有效证明材料(并加盖社保机构单位章)(一般为近三个月);如果投标人属事业法人单位,则由投标人的上级主管部门出具拟委任的主要人员是投标人本单位职工的书面证明材料。b. 拟委任的主要人员的身份证、职称资格证书以及资格审查条件所要求的其他相关证书(如注册岩土工程师、造价工程师执业证书等)的复印件、投标人浙江交通网诚信信息系统人员职称等相关证书公开信息打印件等。c. 对主要人员有业绩要求的,应出具相应业绩证明材料:中标通知书或合同协议书或施工图批复文件或发包人、行业主管部门出具的业绩证明;以上材料中应体现人员的姓名和任职。 投标人应携带主要人员相关证明材料原件至开标现场,以备核验。 **(5)投标人的信誉符合招标文件第二章“投标人须知前附表”附录4的规定;** **(6)投标人不存在第二章“投标人须知”第1.4.3项规定的情形;** **(7)投标人未以联合体方式参与投标[③];** **(7)以联合体形式参与投标的,联合体各方均未再以自己名义单独或参加其他联合体在同一标段中投标;独立参与投标的,投标人未同时参加联合体在同一标段中投标[④]**

① 招标人应根据招标项目具体特点和实际需要,详细列明全部评审因素和评分值,没有列明的因素和评分值不得作为评标的依据。招标人应将导致废标的全部条款,以醒目方式集中在“评标办法前附表”中。

② 初步设计、施工图设计等一次性招标的,相关业绩证明材料中应包括施工图设计的批复文件;初步设计、施工图设计等分阶段招标的,相关业绩证明材料应包括与招标阶段相适应的设计批复文件。若允许联合体投标,则联合体各方应按照“联合体协议书”中的职责分工提供相应的业绩证明材料,否则业绩不予认可。

③ 适用于不接受联合体投标时。

④ 适用于接受联合体投标时。

续上表

条款号	条 款 名 称	评审因素与评审标准
2.3	第一信封 初步评审	**(1)投标文件按照招标文件规定的格式、内容填写,字迹清晰可辨;** **(2)投标文件上法定代表人或其授权代理人的签字、投标人的单位章齐全,符合招标文件规定;** **(3)投标人按照第二章"投标人须知"第3.4.1项和第3.4.2项规定的金额、形式、时间和账户等要求提供了投标保证金;** **(4)投标人按照第二章"投标人须知"第3.7.4项的规定,提供了法定代表人的授权委托书或法定代表人身份证明,并附有公证机关出具的加盖钢印、单位章并盖有公证员签名章的公证书,钢印应清晰可辨,同时公证内容完全满足招标文件规定;** **(5)投标人以联合体形式投标时,符合第二章"投标人须知"第1.4.2项规定①;** **(6)投标人按第六章"投标文件格式"的规定填写了"拟分包项目情况表",且符合第二章"投标人须知"第1.11款规定;** **(7)投标文件载明的招标项目完成期限未超过招标文件规定的时限;** **(8)投标文件中未出现有关投标报价的内容;** **(9)投标文件中没有对招标人的权利提出削弱性或限制性要求,没有对投标人的责任和义务提出实质性修改;** **(10)投标人不存在《中华人民共和国招标投标法实施条例》中规定的任何一种串通投标行为或弄虚作假行为或其他违法行为;** **(11)投标文件未附有招标人不能接受的条件**
2.5	第一信封 详细评审	**评审因素** **评分值②** (1)投标文件第一信封(商务文件): a. 投标人与本项目相关的具体业绩 ______分 b. 拟投入本项目的人员资格和能力 ______分 c. 投标人的信誉 ______分 (2)投标文件第一信封(技术文件): d. 对招标项目的理解和总体设计思路 ______分 e. 招标项目勘察设计的特点、关键技术问题的认识及其对策措施 ______分 f. 对前一阶段工作技术结论及技术方案的不同看法及建议③ ______分 g. 勘察设计工作量及计划安排 ______分

① 适用于接受联合体投标时。

② 第一信封(商务及技术文件)的评分值总和一般为90分,其中商务文件各评审因素的评分值合计范围为35~55分,技术文件各评审因素的评分值合计范围为35~55分。招标人可根据项目具体情况,在上表给定的评分值范围内自行确定商务文件和技术文件各评审因素所占的评分满分值;对于技术特别复杂的特大桥梁、长大隧道项目,或者地质、地形条件特别复杂的公路项目,评分应以技术文件为主;其他项目评分应以商务文件为主。

③ 本项适用于技术特别复杂的特大桥梁、长大隧道项目,或者地质、地形条件特别复杂的公路项目。

续上表

条款号	条 款 名 称	评审因素与评审标准
2.5	第一信封 详细评审	h. 勘察设计的质量保证措施、进度保证措施　______分 i. 后续服务的安排及保证措施　______分 (3)评审要求 投标文件第一信封(商务文件)由评标委员会统一打分;投标文件第一信封(技术文件)由评标委员会各成员独立打分。各评审因素得分以评标委员会各成员打分平均值确定,该平均值以去掉一个最高分和一个最低分后计算。打分值保留一位小数,计算结果保留两位小数
2.7	第二信封 初步评审	**(1)第二信封(报价清单)按照招标文件规定的格式、内容填写,字迹清晰可辨,内容齐全完整;** **(2)第二信封(报价清单)中法定代表人或其委托代理人的签字、投标人的单位章齐全,符合招标文件规定;** **(3)在报价函上填写了投标总价(包括大写金额和小写金额),投标人总价不高于招标人公布的最高投标限价,且报价唯一;** **(4)未修改招标人给定的暂列金额(如有)**
2.9	第二信封 澄清	第二信封澄清过程中,发生以下任一情形,作废标处理: (1)投标人拒绝确认算术性修正后的报价; (2)修正后的最终投标报价超过最高投标限价
2.10	第二信封 详细评审	**评审因素**　**评分值①** (3)投标文件第二信封(报价清单):　10 分 j. 投标价　10 分
2.12	评标结果	推荐的中标候选人的人数为 1 ~ 2 名

评审因素与评分值②					评 分 标 准③
序号	评 审 因 素	评审因素评分值	各评审因素细分项	分 值	
a.	投标人与本项目相关的具体业绩	____分	类似勘察设计项目业绩	____分	……
			类似设计项目业绩	____分	……
			……	____分	……
b.	拟投入本项目的人员资格和能力	____分	项目负责人任职资格与业绩	____分	……
			各分项负责人任职资格与业绩	____分	……
			……	____分	……

① 第二信封(报价清单)的评分值一般为 10 分。

② 各评审因素(投标价除外)得分均不应低于其评分满分值的 60%,且各评审因素得分应以评标委员会各成员的打分平均值确定,该平均值以去掉一个最高分和一个最低分后计算。

③ 招标人应列明各评审因素或各评审因素细分项(如有)的评分标准(即评标细则应在招标文件中明确),并以此作为评标委员会进行评分的依据;各评审因素评分值合计应为 100 分。

续上表

评审因素与评分值					评分标准
序号	评审因素	评审因素评分值	各评审因素细分项	分值	
c.	投标人的信誉	5 分	ISO 9000 质量体系认证	0 或 1 分	获得 ISO 9000 系列质量体系认证且在有效期内的得 1 分,否则得 0 分
			信息公开	0 ~ 4 分	投标人(联合体形式投标的指牵头人)在浙江交通网诚信信息系统中向社会公开信息的,得 2 分; 项目负责人的职称等相关证书信息在浙江交通网诚信信息系统中公开的,得 1 分; 其他所有分项负责人的职称等相关证书信息在浙江交通网诚信信息系统中公开的得 1 分,否则不得分
			不良信誉扣分	-2 ~ 0 分	近 1 年来(自____年 1 月 1 日以来),被交通运输部、浙江省交通运输厅、浙江省发改委三部门以外的省级及以上单位(部门)书面通报限制投标,并在处罚期内的,如实填报的扣 1 分; 近 3 年来(自____年 1 月 1 日以来),投标人或拟委任的项目负责人在工程建设领域中,有行贿受贿行为未构成犯罪的,如实填报的扣 1 分; **有上述行为隐瞒不报的,一经查实,作废标处理,并视为投标人提供虚假资料**
d.	对招标项目的理解和总体设计思路	____分	……	____分	……
			……	____分	……
			……	____分	……
e.	对招标项目勘察设计的特点、关键技术问题的认识及其对策措施	____	……	____分	……
			……	____分	……
			……	____分	……
f.①	对前一阶段工作技术结论及技术方案的不同看法及建议	____分	……	____分	……
g.	勘察设计工作量及计划安排	____	……	____分	……
			……	____分	……
			……	____分	……

① 本项适用于技术特别复杂的特大桥梁、长大隧道项目,或者地质、地形条件特别复杂的公路项目。

续上表

<table>
<tr><th colspan="5">评审因素与评分值</th><th rowspan="2">评 分 标 准</th></tr>
<tr><th>序号</th><th>评 审 因 素</th><th>评审因素评分值</th><th>各评审因素细分项</th><th>分 值</th></tr>
<tr><td rowspan="3">h.</td><td rowspan="3">勘察设计的质量保证措施、进度保证措施</td><td rowspan="3">____分</td><td>……</td><td>____分</td><td>……</td></tr>
<tr><td>……</td><td>____分</td><td>……</td></tr>
<tr><td>……</td><td>____分</td><td>……</td></tr>
<tr><td rowspan="3">i.</td><td rowspan="3">后续服务的安排及保证措施</td><td rowspan="3">____分</td><td>……</td><td>____分</td><td>……</td></tr>
<tr><td>……</td><td>____分</td><td>……</td></tr>
<tr><td>……</td><td>____分</td><td>……</td></tr>
<tr><td rowspan="3">j.</td><td rowspan="3">投标价</td><td rowspan="3">10 分</td><td colspan="3">投标价的确定:投标价 = 报价函文字报价</td></tr>
<tr><td colspan="3">评标基准价的确定:按第一信封(商务及技术文件)评审得分由高到低的顺序,对投标人的第二信封(报价清单)通过初步评审,经算术性修正后投标报价不低于最高限价的 60%(含)的前三名(若不足三名,则选取相应数量)投标人投标价作算术平均,将该平均值作为评标基准价</td></tr>
<tr><td colspan="3">投标价得分计算公式为:
(1)如果投标人的投标价 > 评标基准价,则投标价得分 = F −(投标人投标价 − 评标基准价)/评标基准价 ×100 × E_1;
(2)如果投标人的投标价 ≤ 评标基准价,则投标价得分 = F +(投标人投标价 − 评标基准价)/评标基准价 ×100 × E_2。
其中,F 是投标价所占的评分满分值;E_1 是投标价每高于评标基准价一个百分点的扣分值;E_2 投标价每低于评标基准价一个百分点的扣分值。招标人可依据招标项目具体特点和实际需要设置 E_1、E_2,但 E_1 应大于 $E_2$①。
投标价最低得分为 0 分。
投标价得分计算保留两位小数</td></tr>
<tr><td colspan="6">需要补充的其他内容②:
评标办法第 2.5 款细化为:
2.5　第一信封详细评审
评标委员会只对通过初步评审的投标文件第一信封(商务及技术文件)进行详细评审。评标委员会按“评标办法前附表”规定的评审因素和评分值进行独立评分(保留一位小数)并署名,并且计算出各投标人的商务和技术得分。所有评委评分去掉一个最高分和一个最低分后的算术平均值为第一信封(商务及技术文件)的最终得分(保留两位小数)</td></tr>
</table>

① E_1 和 E_2 值根据实际需要设置。

② 一般不需要陈述。如招标人要求投标人进行陈述,应在“评标办法前附表”补充有关陈述的要求。陈述内容一般与技术建议书内容相对应,陈述时间一般不超过 15 分钟。

1. 总则

本次评标采用综合评估法Ⅰ,评标委员会对满足招标文件实质性要求的投标文件,按照本章第 2 条规定的评分标准进行打分,并按得分由高到低顺序推荐中标候选人,或根据招标人授权直接确定中标人。

2. 评标程序和评审标准

2.1 评标程序

评标工作按以下程序进行:

2.1.1 第一信封资格审查;
第一信封初步评审;
第一信封澄清(如果需要);
第一信封详细评审。

2.1.2 第二信封初步评审;
第二信封算术性修正;
第二信封澄清(如果需要);
第二信封详细评审。

2.1.3 综合评价,推荐中标候选人。

2.1.4 编写评标报告。

2.2 第一信封资格审查

评标委员会首先对投标人提交的资格审查表进行审查,有一项不符合评审标准的,作废标处理。通过资格审查的标准见"评标办法前附表"。

评标委员会可以要求投标人提交第二章"投标人须知"第 3.5.1 项规定的有关证明和证件的原件,以便核验。

2.3 第一信封初步评审

评标委员会对通过资格审查的投标文件第一信封(商务及技术文件)进行初步评审,有一项不符合评审标准的,作废标处理。通过初步评审的标准见"评标办法前附表"。

2.4 第一信封澄清

在评标过程中,评标委员会可以书面形式要求投标人对所提交投标文件中含义不明确、对同类问题表述不一致或者有明显文字错误的内容作必要的澄清、说明或者补正。评标委员会不接受投标人主动提出的澄清、说明或补正。

澄清、说明或者补正应以书面方式进行，并不得超过投标文件的范围或者改变投标文件的实质性内容。投标人的书面澄清、说明和补正属于投标文件的组成部分。

评标委员会对投标人提交的澄清、说明或补正有疑问的，可以要求投标人进一步澄清、说明或补正，直至满足评标委员会的要求。凡超出招标文件规定的或给发包人带来未曾要求的利益的变化、偏差或其他因素在评标时不予考虑。

2.5　第一信封详细评审

评标委员会只对通过初步评审的投标人的投标文件第一信封（商务及技术文件）进行详细评审。评标委员会按“评标办法前附表”规定的评审因素和评分值进行评分，并计算出各投标人的商务和技术得分。

2.6　第二信封开标

第一信封（商务及技术文件）评审结束后，招标人将按照第二章“投标人须知”第5.1款规定的时间和地点对通过投标文件第一信封（商务及技术文件）评审的投标文件第二信封（报价清单）进行开标。

2.7　第二信封初步评审

评标委员会对通过投标文件第一信封（商务及技术文件）评审的投标文件第二信封（报价清单）进行初步评审。有一项不符合评审标准的，作废标处理。通过初步评审的标准见“评标办法前附表”。

2.8　第二信封算术性修正

评标委员会对通过投标文件第二信封（报价清单）初步评审的投标人的投标报价进行校核，并对其中的算术性错误予以修正。修正的原则如下：

（1）大写金额与小写金额不一致的，以大写金额为准；

（2）单价金额与数量相乘与合价金额不一致的，以单价金额为准；如果单价金额有明显的小数点位置差错，应以标出的合价金额为准，同时对单价金额予以修正；

（3）合价金额累计与总价金额不一致的，以合价金额为准，修正总价金额。

2.9　第二信封澄清

算术性修正后的报价如果与投标人原报价不同，评标时将书面通知投标人进行澄清，投标人应确认算术性修正后的报价；如投标人拒绝确认，则其投标文件将不予评审，作废标处理，同时没收其投标担保。修正后的最终投标报价仅作为签订合同的一个依据，不参与投标价得分的计算。

修正后的最终投标报价若超过最高投标限价（如有），投标人的投标文件作废标处理。

2.10　第二信封详细评审

计算所有通过第二信封（报价清单）初步评审以及算术性修正后的投标人的投标价

得分。投标价得分的计算方法见“评标办法前附表”。

2.11 评标排序

评标委员会成员应当按照评标办法的规定,独立评分并署名。各投标人的综合得分为商务和技术得分与报价得分之和。按照综合得分由高到低的顺序,评标委员会对投标人进行排名。如最终得分相同时,则投标文件第一信封(商务和技术文件)得分较高的优先。

2.12 评标结果

评标委员会应当在评标工作完成后,按“评标办法前附表”规定的人数推荐中标候选人并向招标人提交书面评标报告。

第三章　评标办法(综合评估法Ⅱ)

评标办法前附表[①]

条款号	条款名称	评审因素与评审标准
2.2	资格审查	**(1)投标人具备有效的营业执照和基本账户开户许可证;** **(2)投标人的资质证书有效且等级符合招标文件第二章"投标人须知前附表"附录1的规定;** **(3)投标人的业绩符合招标文件第二章"投标人须知前附表"附录2的规定;** 业绩证明应附中标通知书(或合同协议书)、与招标阶段相适应的设计批复文件的复印件[②]。工程规模的解释顺序为:与招标阶段相适应的设计已通过审查的证明文件、合同协议书;如果投标人提供的上述证明材料均无法体现出"投标人须知前附表"附录2要求的建设规模或技术指标(如有),则投标人还需提供发包人或行业主管部门出具的证明材料,否则业绩不予认可。 投标人应携带相关业绩证明材料原件至开标现场,以备核验。 **(4)投标人的主要人员资格符合招标文件第二章"投标人须知前附表"附录3的规定;** 主要人员证明材料应附:a. 投标人所属社保机构出具的拟委任的主要人员参加社保的有效证明材料(并加盖社保机构单位章)(一般为近三个月)如果投标人属事业法人单位,则由投标人的上级主管部门出具拟委任的主要人员是投标人本单位职工的书面证明材料。b. 拟委任的主要人员的身份证、职称资格证书以及资格审查条件所要求的其他相关证书(如注册岩土工程师、造价工程师执业证书等)的复印件、投标人浙江交通网诚信信息系统人员职称等相关证书公开信息打印件等。c. 对主要人员有业绩要求的,应出具相应业绩证明材料:中标通知书或合同协议书或施工图批复文件或发包人、行业主管部门出具的业绩证明;以上材料中应体现人员的姓名和任职。 投标人应携带主要人员相关证明材料原件至开标现场,以备核验。 **(5)投标人的信誉符合招标文件第二章"投标人须知前附表"附录4的规定;** **(6)投标人不存在第二章"投标人须知"第1.4.3项规定的情形;** **(7)投标人未以联合体方式参与投标[③];** **(7)以联合体形式参与投标的,联合体各方均未再以自己名义单独或参加其他联合体在同一标段中投标;独立参与投标的,投标人未同时参加联合体在同一标段中投标[④]**

① 招标人应根据招标项目具体特点和实际需要,详细列明全部评审因素和评分值,没有列明的因素和评分值不得作为评标的依据。招标人应将导致废标的全部条款,以醒目方式集中在"评标办法前附表"中。

② 初步设计、施工图设计等一次性招标的,相关业绩证明材料中应包括施工图设计的批复文件;初步设计、施工图设计等分阶段招标的,相关业绩证明材料应包括与招标阶段相适应的设计批复文件。若允许联合体投标,则联合体各方应按照"联合体协议书"中的职责分工提供相应的业绩证明材料,否则业绩不予认可。

③ 适用于不接受联合体投标时。

④ 适用于接受联合体投标时。

续上表

条款号	条 款 名 称	评审因素与评审标准
2.3	初步评审	**(1)投标文件按照招标文件规定的格式、内容填写,字迹清晰可辨;投标函中填报的固定勘察设计费与招标人公布的金额一致;** **(2)投标文件上法定代表人或其授权代理人的签字、投标人的单位章齐全,符合招标文件规定;** **(3)投标人按照第二章"投标人须知"第 3.4.1 项和第 3.4.2 项规定的金额、形式、时间和账户等要求提供了投标保证金;** **(4)投标人按照第二章"投标人须知"第 3.7.4 项的规定,提供了法定代表人的授权委托书或法定代表人身份证明,并附有公证机关出具的加盖钢印、单位章并盖有公证员签名章的公证书,钢印应清晰可辨,同时公证内容完全满足招标文件规定;** **(5)投标人以联合体形式投标时,符合第二章"投标人须知"第 1.4.2 项规定**①**;** **(6)投标人按第六章"投标文件格式"的规定填写了"拟分包项目情况表",且符合第二章"投标人须知"第 1.11 款规定;** **(7)投标文件载明的招标项目完成期限未超过招标文件规定的时限;** **(8)投标文件中没有对招标人的权利提出削弱性或限制性要求,没有对投标人的责任和义务提出实质性修改;** **(9)投标人不存在《中华人民共和国招标投标法实施条例》中规定的任何一种串通投标行为或弄虚作假行为或其他违法行为;** **(10)投标文件未附有招标人不能接受的条件**
2.5	详细评审	**评审因素　　评分值②** (1)投标文件第一卷(商务文件): a. 投标人与本项目相关的具体业绩　　______分 b. 拟投入本项目的人员资格和能力　　______分 c. 投标人的信誉　　______分 (2)投标文件第二卷(技术文件): d. 对招标项目的理解和总体设计思路　　______分 e. 招标项目勘察设计的特点、关键技术问题的认识及其对策措施　　______分 f. 对前一阶段工作技术结论及技术方案的不同看法及建议③　　______分 g. 勘察设计工作量及计划安排　　______分 h. 勘察设计的质量保证措施、进度保证措施　　______分 i. 后续服务的安排及保证措施　　______分

① 适用于接受联合体投标时。

② 投标文件评分值总和为 100 分,其中商务文件各评审因素的评分值合计范围为 40 ~ 65 分,技术文件各评审因素的评分值合计范围为 35 ~ 60 分。招标人可根据项目具体情况,在上表给定的评分值范围内自行确定商务文件和技术文件各评审因素所占的评分满分值;对于技术特别复杂的特大桥梁、长大隧道项目,或者地质、地形条件特别复杂的公路项目,评分应以技术文件为主;其他项目评分应以商务文件为主。

③ 本项适用于技术特别复杂的特大桥梁、长大隧道项目,或者地质、地形条件特别复杂的公路项目。

续上表

条款号	条款名称	评审因素与评审标准
2.5	详细评审	(3)评审要求 投标文件第一卷(商务文件)由评标委员会统一打分;投标文件第二卷(技术文件)由评标委员会各成员独立打分。各评审因素得分以评标委员会各成员打分平均值确定,该平均值以去掉一个最高和一个最低分后计算。打分值保留一位小数,计算结果保留两位小数
2.7	评标结果	推荐中标候选人的人数为1~2名

评审因素与评分值①					评分标准②
序号	评审因素	评审因素评分值	各评审因素细分项	分值	
a.	投标人与本项目相关的具体业绩	____分	类似勘察项目业绩	____分	……
			类似设计项目业绩	____分	……
			……	____分	……
b.	拟投入本项目的人员资格和能力	____分	项目负责人任职资格与业绩	____分	……
			各分项负责人任职资格与业绩	____分	……
			……	____分	……
c.	投标人的信誉	____分	……	____分	……
			……	____分	……
			……	____分	……
d.	对招标项目的理解和总体设计思路	____分	……	____分	……
			……	____分	……
			……	____分	……
e.	招标项目勘察设计的特点、关键技术问题的认识及其对策措施	____分	……	____分	……
			……	____分	……
			……	____分	……
f.③	对前一阶段工作技术结论及技术方案的不同看法及建议	____分	……	____分	……

① 各评审因素(投标价除外)得分均不应低于其评分满分值的60%,且各评审因素得分应以评标委员会各成员的打分平均值确定,该平均值以去掉一个最高和一个最低分后计算。

② 招标人应列明各评审因素或各评审因素细分项(如有)的评分标准(即评标细则应在招标文件中明确),并以此作为评标委员会进行评分的依据;各评审因素评分值合计应为100分。

③ 本项适用于技术特别复杂的特大桥梁、长大隧道项目,或者地质、地形条件特别复杂的公路项目。

续上表

评审因素与评分值					评分标准
序号	评 审 因 素	评审因素评分值	各评审因素细分项	分值	
g.	勘察设计工作量及计划安排	____分	……	____分	……
			……	____分	……
			……	____分	……
h.	勘察设计的质量保证措施、进度保证措施	____分	……	____分	……
			……	____分	……
			……	____分	……
i.	后续服务的安排及保证措施	____分	……	____分	……
			……	____分	……
			……	____分	……

需要补充的其他内容①：
评标办法第 2.5 款细化为：
2.5　详细评审
评标委员会只对通过初步评审的投标文件进行详细评审。评标委员会按“评标办法前附表”规定的评审因素和评分值进行独立评分(保留一位小数)并署名,并且计算出各投标人的商务和技术得分。所有评委评分去掉一个最高分和一个最低分后的算术平均值为最终得分(保留两位小数)

① 如招标人要求投标人进行陈述,应在“评标办法前附表”补充有关陈述的要求。

1. 总则

本次评标采用综合评估法Ⅱ,评标委员会对满足招标文件实质性要求的投标文件,按照本章第2条规定的评分标准进行打分,并按得分由高到低顺序推荐中标候选人,或根据招标人授权直接确定中标人。

2. 评标程序和评审标准

2.1　评标程序

评标工作按以下程序进行:

(1)资格审查;

(2)初步评审;

(3)澄清(如果需要);

(4)详细评审;

(5)编写评标报告。

2.2　资格审查

评标委员会首先对投标人提交的资格审查表进行审查,有一项不符合评审标准的,作废标处理。通过资格审查的标准见"评标办法前附表"。

评标委员会可以要求投标人提交第二章"投标人须知"第3.5.1项规定的有关证明和证件的原件,以便核验。

2.3　初步评审

评标委员会对通过资格审查的投标文件进行初步评审,有一项不符合评审标准的,作废标处理。通过初步评审的标准见"评标办法前附表"。

2.4　澄清

在评标过程中,评标委员会可以书面形式要求投标人对所提交投标文件中含义不明确、对同类问题表述不一致或者有明显文字错误的内容作必要的澄清、说明或者补正。评标委员会不接受投标人主动提出的澄清、说明或补正。

澄清、说明或者补正应以书面方式进行,并不得超过投标文件的范围或者改变投标文件的实质性内容。投标人的书面澄清、说明和补正属于投标文件的组成部分。

评标委员会对投标人提交的澄清、说明或补正有疑问的,可以要求投标人进一步澄清、说明或补正,直至满足评标委员会的要求。凡超出招标文件规定的或给发包人带来未曾要求的利益的变化、偏差或其他因素在评标时不予考虑。

2.5 详细评审

评标委员会只对通过初步评审的投标人的投标文件进行详细评审。评标委员会按“评标办法前附表”规定的评审因素和评分值进行评分,并计算出综合得分。

2.6 评标排序

评标委员会成员应当按照评标办法的规定,独立评分并署名。评标委员会应当按照综合得分由高到低的顺序,对投标人进行排名。如最终得分相同时,则取投标文件第一卷(商务文件)得分较高的优先。

2.12 评标结果

评标委员会应当在评标工作完成后,按“评标办法前附表”规定的人数推荐中标候选人并向招标人提交书面评标报告。

第四章　合同条款及格式

第一节　通用合同条款

第一节　通用合同条款

1. 定义和解释

通用合同条款、专用合同条款中的下列词语应具有本条所赋予的含义。

1.1　工程:指专用合同条款中指明进行勘察设计招标的工程。

1.2　发包人:即合同协议书中的“甲方”,指专用合同条款中指明的执行建设项目投资计划的单位,或其指定的负责管理建设项目的代表机构,以及取得该当事人(单位)资格的合法继承人。

1.3　设计人:即合同协议书中的“乙方”,指其投标文件已为发包人所接受,并与发包人签订了合同协议书承担本合同工程勘察设计的咨询机构,以及取得该当事机构资格的合法继承人,但不包括该当事机构的任何受让人(除非发包人同意)。若设计人为联合体,则设计人包括联合体所有成员单位。

1.4　分包人:指从设计人处分包合同中某一部分工程,并与其签订分包合同的咨询机构。

1.5　咨询单位:指受发包人委托对本工程勘察报告或设计文件进行审查或提供咨询意见的咨询机构。

1.6　项目负责人:指由设计人书面委任的负责本工程勘察设计的组织管理者。

1.7　分项负责人:指由设计人批准的、并经过发包人认可的各专业设计负责人。

1.8　勘察设计合同:指合同协议书、中标通知书、投标函、专用合同条款、通用合同条款、勘察设计技术要求、勘察设计工作量及报价清单,以及构成合同组成部分的其他文件。

1.9　勘察设计技术要求:是勘察设计工作的依据,指中华人民共和国国家标准和交通运输部(包括原交通部,下同)颁布的关于公路工程勘察设计方面的现行标准、规范、规程、定额和办法等,以及发包人有关勘察设计的其他书面要求。

1.10　勘察设计:指设计人按合同的规定而进行的有关工程测量,工程地质与水文地质勘察,专项勘察,材料试验,科学研究试验,路线、路基、路面设计,桥涵设计,隧道设计,交叉设计,交通工程及沿线设施设计,环保及绿化设计,水土保持设计和景观设计以及经济调查,概、预算编制等全部或单项工作。本合同包括的具体勘察设计内容在专用合同条款中约定。

1.11　勘察报告:指设计人按国家和交通运输部相关标准、规范、规定提交的勘察成果,包括初勘报告、详勘报告。本合同包括的具体勘察报告在专用合同条款中约定。

1.12　设计文件:指设计人按现行国家标准《道路工程制图标准》和交通运输部《公路工程基本建设项目设计文件编制办法》和《公路工程基本建设项目概算预算编制办法》等标准、规范、规定提交的设计产品,包括初步设计文件、技术设计文件、施工图设计文件、施工招标图纸及工程量清单等。本合同包括的具体设计文件在专用合同条款中约定。

1.13　签约合同价:指签订合同时合同协议书中写明的,包括了暂列金额的合同总金额。

1.14 合同价格:指设计人按合同约定完成了全部勘察设计工作,发包人应付给设计人的金额,包括在履行合同过程中按合同约定进行的调整。

1.15 暂列金额:指暂时未定的,包括在合同中,并在报价清单中以此名称标明的金额,用于进行本工程可能发生的额外勘察设计工作或作为不可预见费用,按照合同条款第7.5款的规定使用。

1.16 勘察设计质量事故:指由于勘察、设计等责任过失而使工程在施工过程中和设计使用年限内遭受损毁或产生不可弥补的本质缺陷,而需要对工程或设施、设备进行更新、补强、返工修复的事故。

一般质量事故:由于勘察设计原因造成工程系统运行不良,导致直接经济损失(包括修复费用)在20万元至300万元之间的事故。

重大质量事故:由于勘察设计责任过失造成工程系统瘫痪、报废和造成人身伤亡或者重大经济损失的事故。

上述质量事故的界定按交通运输部《公路工程质量管理办法》的规定执行。

1.17 不可抗力:指发包人与设计人不能预见或不能采取措施避免并不能克服的自然灾害或社会政治因素等。

1.18 发包人风险:因不可抗力或应由发包人单方承担责任而产生的风险。

1.19 天:除特别指明外,指日历天。合同中按天计算时间的,开始当天不计入,从次日开始计算。期限最后一天的截止时间为当天24:00。

2. 发包人的责任与义务

2.1 发包人应严格履行基本建设程序,根据本工程的具体情况和技术要求,确定合理的设计工作量及合理的设计周期,并按本合同有关规定及时支付勘察设计费。

2.2 发包人应向设计人提供开展勘察设计工作所需要的经国家有关部门审查批准的前一阶段(工可报告或初步设计)的全部勘察设计文件、资料及附件、有关的协议、文件等,并对提供的原始资料的可靠性负责。

2.3 在设计人员进入现场进行勘察作业时,发包人应对设计人与地方政府及有关部门的协调工作提供必要的协助,但并不免除设计人根据本合同规定应负的责任。

2.4 发包人应组织专家或委托咨询单位对勘察成果、设计文件和为了满足勘察设计需要而进行的各种研究试验成果进行审查,并负责设计文件的报审工作,向设计人提供上级主管部门对设计文件进行审查后的批复意见。对设计人在贯彻落实审查意见时提出的有关问题应及时予以认真解答,但并不免除设计人根据本合同规定应负的责任。

2.5 除合同另有规定外,发包人应保护设计人的投标文件、勘察方案、设计方案、计算软件和专利技术。未经设计人同意,发包人对设计人交付的勘察成果、设计资料及文件不得擅自修改、复制或向第三人转让或用于本合同以外的项目。

2.6 发包人不应对设计人提出不符合工程安全生产法律、法规和工程建设强制性标准规定的要求。发包人不应随意压缩合同规定的勘察设计周期。

2.7　由于执行发包人的书面指令而造成的勘察设计质量事故应由发包人承担责任。但不免除设计人根据本合同规定应负的责任。

2.8　发包人应履行专用合同条款约定的其他义务。

3. 设计人的责任与义务

3.1　设计人的一般责任与义务

3.1.1　设计人应根据本合同工程的具体情况，按照勘察设计技术要求的规定，完成本合同工程的勘察设计工作。

3.1.2　设计人应按照交通运输部《公路勘察设计工序管理试行办法》做好勘察设计的质量管理工作，建立、健全勘察设计质量保证体系，加强设计全过程的质量控制，建立完整的设计文件的设计、复核、审核、会签和批准制度，明确各阶段的责任人，并对本合同工程的勘察设计质量负责。

3.1.3　在勘察设计过程中，设计人应与本项目相干扰的铁路、航道、水利、管线、电力电信及其他相关建筑设施或特殊保护区域的主管部门进行协商，获得项目相干扰部门对推荐路线的认同意见、协议、批准文件或纪要等，以确保本项目顺利实施。

3.1.4　设计人在进行勘察设计时，应采取相应的安全、保卫和环境保护措施，如设计人未能采取有效的措施，而发生的与勘察设计活动有关的人身伤亡、罚款、索赔、损失赔偿、诉讼费用及其他一切责任应由设计人负责。

对于设计人在勘察设计过程中发生的人员伤亡，或者造成第三方的人员伤亡，或财产损失，或由此而引起的其他一切损害和损失，发包人均不承担责任。

3.1.5　设计人为实施本项工程，应参加发包人风险以外的其他有关的雇主责任保险，以使本项工程顺利进行。设计人应将全部保险费（如工程勘察的人身安全险和设备险等）计入合同报价中，发包人将不另行支付。

3.1.6　设计人在勘察设计过程中，如果因其采用的技术方案等方面发生侵犯专利权的行为而引起索赔或诉讼，则设计人应承担全部责任，并保障发包人免于承担由此造成的一切损害和损失。设计人采用未中标人投标文件中技术方案的，应当征得该投标人的书面同意，并支付合理的使用费用。

3.1.7　发包人向设计人提供的所有资料均为保密资料，设计人除在履行本合同下义务时可向受雇于设计人的相关研究人员透露外，不能在任何情况下（包括本合同有效期内及之后）向第三者透露。

3.1.8　发包人及咨询单位、上级主管部门对勘察成果（包括研究试验成果）、设计文件的审查并不免除设计人的责任。

3.1.9　设计人必须接受发包人的指示，积极配合咨询单位工作。

3.2　勘察的一般规定

3.2.1　设计人应当按照法律、法规和工程建设强制性标准进行勘察，重视地质环境对安全的影响,提交的勘察文件应当真实、准确、可靠,满足本工程安全生产的需要。

设计人应当对有可能引发公路工程安全隐患的地质灾害提出防治建议。

设计人及勘察人员对勘察结论负责。

3.2.2 工程勘察布点应参考发包人提供的资料。勘探点的数量、深度和位置可根据地质情况和现场条件依据规范进行调整,但应经发包人同意和批准。

3.2.3 勘探过程中应认真记录每日工作内容,保存原始记录资料与数据,以供发包人检查和分析。

3.2.4 在钻探进行中,如发包人根据规范需要更改取样间距与现场试验的要求,或更改钻孔深度,设计人应积极配合并安排实施。

3.2.5 设计人在钻探过程中应对地下管线和构筑物进行相应保护,遇到地下文物时应及时向发包人和文物保护部门汇报并妥善保护。设计人在钻探过程中应采取有效的环境保护措施,避免对周围环境造成破坏或污染。

3.2.6 设计人在进行外业勘察时,应采取有效措施避免对原有道路、桥梁、构造物及其他公共设施或地上附着物造成损坏或损伤。

如造成损坏或损伤而引起的一切索赔、赔偿、诉讼费用和其他费用,由设计人自行承担。

3.3 设计的一般规定

3.3.1 设计人应当按照法律、法规和工程建设强制性标准进行设计,防止因设计不合理导致安全生产隐患或者生产安全事故的发生。

采用新结构、新材料、新工艺的工程和特殊结构的工程,设计人应当在设计文件中提出保障施工作业人员安全和预防生产安全事故的措施建议。

设计人及设计人员对其设计负责。

3.3.2 设计人必须贯彻“技术先进、安全可靠、适用耐久、经济合理”的基本原则,加强总体设计,重视与城镇建设总体规划、土地开发利用规划、农田水利、森林植被、水土保持、生态环境、特殊设施保护区、其他运输方式和其他建设工程的总体协调和配合,节约资源、保护环境、合理选用技术指标、树立全寿命周期成本的理念,充分发挥工程建设项目经济、社会和环境的综合效益。

3.3.3 设计文件必须符合下列要求:

(1)设计文件的编制必须严格执行国家基本建设程序、工程建设标准强制性条文及有关公路工程建设的法律、法规、规章、规范、标准、规程、定额和合同的要求;

(2)设计文件的编制须符合国民经济、社会发展规划和产业政策,贯彻提高社会经济效益和促进技术进步的方针,实行资源综合利用,节约资源和能源,符合国家自然风景区、城市、集镇、村庄规划和相关专业规划,符合国家有关劳动安全卫生、消防、抗震、人防规定;

(3)设计依据的基本资料应完整、准确、可靠,设计方案论证充分,计算可靠,并符合系统运行安全的要求;

(4)设计文件的深度应满足相应设计阶段的有关规定,并符合相关规范的要求;

(5)设计文件必须保证工程质量和安全的要求,符合"安全、适用、耐久、经济、美观"的综合要求;并应特别注意沿线景观及沿线设施的协调性和环境保护、水土保持的要求;

(6)设计文件中关于工程建设材料、配件和设备的选用,应当注明其性能及技术标准,其质量要求必须符合国家规定的标准,但不得指定生产厂、供应商和产品品牌。

3.3.4　设计人必须根据批复的可行性研究报告和交通运输部《公路工程基本建设项目设计文件编制办法》规定的设计深度完成初步设计工作。初步设计文件经审查批复后,则作为编制施工图设计文件和控制建设项目投资的依据。

设计人的初步设计文件必须接受发包人、咨询单位及发包人的上级主管部门的审查,凡审查意见中提出的问题,设计人应逐条给予认真贯彻落实,提交书面的反馈意见并免费修改初步设计文件。

3.3.5　若发包人或发包人上级主管部门认为需要进行技术设计,设计人应根据发包人要求,按交通运输部《公路工程基本建设项目设计文件编制办法》有关规定编制技术设计文件和修正概算,并通过发包人上级主管部门的审查。如果发包人在招标阶段已明确本项目包括技术设计并且在报价清单中已列有相应报价子目,则按设计人在报价清单中所报的相应费用支付;否则,对于发包人在项目实施过程中提出的技术设计,发包人应另行支付费用。

3.3.6　设计人应按批准的初步设计完成施工图设计工作,并接受发包人、咨询单位及发包人上级主管部门对施工图设计文件的审查,然后按审查意见修改施工图设计文件。设计人应在发包人规定的时间内完成施工图预算的编制,施工图设计文件及施工图预算应按各施工标段进行编制。施工图设计文件批复后,则作为编制施工招标文件的依据。

3.3.7　当发包人或咨询单位认为需调用设计人的设计计算书时,设计人必须及时提供。

3.3.8　设计人应按发包人要求的数量(符合规范要求)提供所有为完成勘察设计所必需的研究试验阶段性或成果性报告,接受发包人或上级主管部门的审查,并对相关问题作出澄清和解答。

3.3.9　设计人应根据设计需要开展专题研究工作,提交相应专题研究报告,并通过发包人或上级主管部门的审查。

3.4　后续服务

3.4.1　设计人应积极配合发包人进行各项招标工作,按发包人规定的时间提供各标段施工招标资格预审所需的工程数量和工程说明;按发包人规定的时间提供各标段的施工招标图纸、工程量清单和参考资料;按发包人要求安排相关人员参加标前会,就有关设计问题进行答疑。

3.4.2　设计人应在施工现场设立代表处或派驻经验丰富的设计代表常驻施工现场,做好施工现场服务,并负责解决施工过程中出现的设计问题:

(1)开工前在发包人指定的时间内,做好设计文件的技术交底工作和现场控制点的交接工作(交桩);

(2)在发包人规定的时间内有能力及时处理与解决施工中与设计有关的问题;

(3)在发包人规定的时间内积极配合发包人对施工及设计方案进行优化设计;

(4)参与工程质量事故分析,并对因设计造成的质量事故提出相应的技术处理方案;

(5)参加本工程的交工、竣工验收,提交设计工作报告,并配合质量监督部门校核工程是否按施工图设计施工。

发包人对设计代表的数量和资历条件有特定要求的,在专用合同条款中约定。设计人应按发包人提出的要求派驻设计代表,否则按违约处理。

若发包人在工作中发现设计代表不称职或有违法行为时,有权提出更换,设计人应在发包人提出更换通知的 7 天内完成更换工作并使发包人满意。

3.4.3 本项目设计变更的勘察设计由设计人承担,设计人应及时完成勘察设计,提交设计变更文件,并对设计变更文件承担相应责任。由于不可预见因素或发包人增加的设计项目或者发包人原因造成的设计变更,由发包人与设计人另行协商支付费用;除此之外的设计变更,其费用应视为已含入合同报价中,发包人不再另行支付费用。所有设计变更必须提供预算金额并由设计代表签字确认。

3.5 履约担保

3.5.1 在签订合同前,设计人应按专用合同条款规定的金额和形式向发包人提交履约担保。如履约担保采用银行保函,则应符合招标文件第四章规定的格式并由满足专用合同条款规定级别的银行开具。执行本款规定所需的费用由设计人承担。在发包人签收最后一批勘察设计成果文件之前,设计人应保证履约担保一直有效。

3.5.2 联合体的履约担保由联合体牵头人提交或出具。

3.5.3 发包人对履约担保提出的任何索赔要求,均应在履约担保有效期内提出。

3.6 转包和分包

3.6.1 设计人不得将本合同规定的勘察设计任务转包。

3.6.2 设计人不得将工程主体、关键性工作分包给第三人。经发包人同意,设计人可将工程设计中跨专业或者有特殊要求的勘察、设计工作进行分包。

3.6.3 分包人的资质和能力均应与其承担的工程规模和标准相适应,分包人不得再将该分包项目再次分包或转包。

3.6.4 即使发包人同意分包,也不应解除设计人根据合同规定应承担的全部责任和义务,设计人应对其分包人的工作负全部责任。

3.6.5 任何分包合同须在签订之日 7 天内报发包人备案。

3.6.6 发包人对设计人与各分包人之间的法律和经济纠纷不承担任何责任和义务。

3.7 人员保证与变更

3.7.1 设计人应安排投标文件中承诺的人员投入工作,并在设计过程中和施工服务期内保持人员的相对稳定。在项目勘察设计期间，未经发包人批准，项目负责人、分项负责人及设计代表不得更换。

3.7.2　如果设计人员不能胜任工作、渎职或从事其他违法活动，发包人有权以书面形式提出更换要求，设计人应立即派出不低于原设计人员相应资历的人员替换；若非因上述原因，设计人有权拒绝。设计人在事先取得发包人的同意后可以更换其所派驻现场的人员，但应符合合同规定的资历要求。设计人在事先取得发包人的同意后可以更换其所派驻现场的人员，但应符合合同规定的资历要求。

3.7.3　设计人的工作进度没有达到设计人投标文件中承诺的进度计划时，发包人有权提出要求增加设计人员，设计人应立即安排，其费用被认为已包含在合同价格之中。

3.7.4　由于发包人提出加快设计进度，提前完成设计工作而增加人员时，其费用应另外计列。

3.8　联合体

3.8.1　联合体各方应共同与发包人签订合同协议书。联合体各方应为履行合同承担连带责任。

3.8.2　联合体协议经发包人确认后作为合同附件。在履行合同过程中，未经发包人同意，不得修改联合体协议。

3.8.3　联合体牵头人负责与发包人联系并接受指示，负责组织联合体各成员全面履行合同。发包人就本合同工程向联合体牵头人发布的任何指令、指示、通知等均对联合体其他成员具有同等效力。

3.8.4　联合体牵头人应按本合同规定代表联合体向发包人提交全部合格的勘察报告和设计文件。

3.8.5　未经发包人事先同意，联合体的组成、结构与业务分工均不得变动。

3.9　其他义务

设计人应履行专用合同条款约定的其他义务。

4. 勘察设计周期及提交成果

4.1　勘察设计周期及提交成果

设计人应根据发包人要求分批、分阶段提供所需勘察设计成果资料。本工程勘察设计周期安排及设计人需提交的勘察设计成果在专用合同条款中约定。

4.2　勘察设计详细工作大纲及进度计划的提交

设计人应在接到中标通知书后14天内，针对勘察设计各个阶段工作内容向发包人提交具有可实施性、分项目的勘察设计详细工作大纲及进度计划，以及为完成本计划而建议采用的措施和说明（含电子文件一份），经批准后作为勘察设计合同文件的组成部分,是发包人对勘察设计进行项目管理的依据之一。

4.3 专题研究详细工作大纲

设计人在开展专题研究之前,应针对专题研究的具体内容提交详细的工作大纲(含电子文件一份),报发包人审核后实施,并作为勘察设计合同文件的组成部分。

发包人对设计人勘察设计详细工作大纲及进度计划、专题研究详细工作大纲的审查,并不免除设计人对本项目勘察设计(含专题研究)应承担的责任。

4.4 设计进度报告

设计人应在每月月底向发包人提供进度报告,说明该月工作进展情况及下月计划安排,并根据发包人要求,参加发包人组织的月度工作例会。

5. 违约与赔偿

5.1 发包人的违约

5.1.1 由于发包人变更勘察设计项目、规模、条件,或未按合同规定提供勘察设计必需的资料,而造成勘察设计的返工、停工、窝工或修改设计,发包人应按设计人实际消耗的工作量增付费用;由于发包人要求提前完成勘察设计工作而导致增加的人员和费用,应另行计列。

5.1.2 发包人超过合同规定的日期支付费用的,应偿付逾期的违约金。偿付办法与金额按本合同条款第 7.2 款的规定办理。

5.1.3 在合同履行期间,发包人要求终止或解除合同的(但并非设计人原因造成),发包人除应按设计人完成的实际工作量支付费用外,还应按剩余合同价的 5% ~ 10% 向设计人支付违约金。

5.2 设计人的违约

在履行合同过程中发生下列任何一种情况,均属设计人违约:

(1)设计人将勘察设计任务转包,或者未经发包人同意私自分包;

(2)设计人未按照本合同规定的强制性技术标准、规范和规程进行勘察设计,或未根据勘察成果资料进行工程设计,或设计人在设计文件中指定或变相指定工程建设材料或设备生产厂、供应商;

(3)设计人未能按期提交勘察成果、设计文件、专题研究报告(发包人同意延长期限的除外);

(4)在收到发包人或咨询单位或上级主管部门提出的审查意见后,设计人未在专用合同条款规定的期限内完成对勘察成果、设计文件、专题研究报告的修改;

(5)因勘察设计深度不够、资料不足、方案缺陷以及勘察设计质量低劣而被要求返工从而造成质量问题;

(6)设计人未按照本合同第 3.4.1 项规定提供配合招标的后续服务;

(7)设计人若未及时选派合格的设计代表进驻施工现场,或未能在发包人和设计人约定的时间内给予答复、完成变更设计;

(8)因勘察设计错误而造成一般质量事故;

(9)因勘察设计错误而造成重大质量事故;

(10)因勘察设计深度不够、资料不足、方案缺陷或质量低劣导致未通过上级主管部门的审查;

(11)由于设计人的过失或责任引起本项目发生重大设计变更或较大设计变更,导致施工工期拖延或者给发包人造成经济损失;

重大设计变更及较大设计变更的划分标准参照《公路工程设计变更管理办法》的规定执行。

(12)设计人在投标文件中承诺投入本项目的主要勘察设计人员发生变化(包括项目负责人、分项负责人和其他主要设计人员的变化,但因不可抗力引起的人员变动除外);

(13)专用合同条款中约定的设计人其他违约情况。

设计人发生本款约定的违约情况时,无论发包人是否解除合同,发包人均有权向设计人课以专用合同条款中规定的违约金,并由发包人将其违约行为上报省级交通运输主管部门,作为不良记录纳入公路建设市场信用信息管理系统。

5.3 责任的期限

设计人与发包人双方的责任与义务期限为合同协议书中规定的时间范围。但设计人对本合同工程设计质量的责任则是设计使用年限内的终身责任。

6. 合同的生效、推迟与终止

6.1 合同的生效

合同文件自双方在合同协议书上签字并加盖单位章后生效。设计人工作的开始和完成时间按照合同文件的规定执行。

6.2 合同文件的优先次序

组成合同的各个文件应该被认为是一个整体,互为补充和解释,如有含义不清或互相矛盾处,以所列顺序在前者为准:

(1)合同协议书及各种合同附件(含评标期间和合同谈判过程中的澄清文件和补充资料;设计人提交的经发包人审核通过的勘察设计详细工作大纲及进度计划、专题研究详细工作大纲等);

(2)中标通知书;

(3)投标函;

(4)专用合同条款;

(5)通用合同条款;

(6)勘察设计技术要求;

(7)报价清单(如有);

(8)投标文件中承诺投入的项目主要人员;

(9)联合体协议(如有);

(10)构成本合同组成部分的其他文件。

6.3 延误

6.3.1 由于发包人或不可抗力等因素,导致服务增加和时间延续,则:

(1)设计人应将此情况与可能产生的影响尽快以书面形式通知发包人,并采取合理措施使损失减少至最低;

(2)设计人应保持详细原始记录。

发包人在与设计人协商后应相应地延长设计人的工作期限或增付费用。

6.3.2 由于发包人或不可抗力等因素,设计人无法履行合同的,设计人可以提出终止合同,并于28天前以书面形式通知发包人,由此造成的损失,应由发包人根据合同单价和设计人实际完成的工作量予以赔偿。

6.4 推迟与终止

6.4.1 发包人可以在至少28天以前以书面形式通知设计人暂停全部或部分设计工作或终止本合同,一旦收到此类通知,设计人应立即安排停止计划并将费用减到最小。

6.4.2 发包人认为设计人无正当理由而未履行本合同规定的责任与义务时,应以书面形式通知设计人,并说明理由。若发包人在21天内没有收到满意的答复,发包人可以发出进一步的通知终止本合同,但此进一步的通知必须在第一个通知发出28天后发出。

6.5 合同终止不影响权利和责任

不论何种原因,本合同的终止,不应损害和影响各方应有的权利、索赔要求和应负的责任。

7. 费用与支付

7.1 勘察设计费用

7.1.1 发包人应按合同规定按时向设计人支付勘察设计费用,以及设计人额外服务的费用。若设计人为联合体,则发包人应根据勘察设计工作进展分批向联合体牵头人支付勘察设计费用,由联合体牵头人根据联合体各成员及分包人(如有)实际完成的工作量及完成质量,向联合体各成员及分包人支付合同款,由此发生的税费等费用统一包含在合同总价内，发包人不另行支付。联合体牵头人提出书面申请时，发包人也可直接向联合体各成员支付合同款。

7.1.2　本合同的勘察设计工作计价模式在专用合同条款中约定。

7.1.3　发包人向设计人实际支付的勘察设计费，将不高于初步设计审批概算中相应勘察设计费的审批额，勘察设计费超出审批额部分发包人将予以扣除，合同总价则相应变更，不足部分发包人将不另行支付。①

7.2　支付时间

发包人应按专用合同条款规定的时间支付勘察设计费用。设计人应在每一阶段工作完成后的15天内提出付款申请函，发包人审查没有异议后，应在收到申请后30天内支付。如在规定的时间内设计人没有收到付款时，则发包人应按专用合同条款的规定向设计人支付违约金。

7.3　有异议的支付

如果发包人对设计人提交的付款申请有异议时，发包人应在10天内发出书面通知要求设计人澄清，设计人应在15天内作出回复。发包人在收到设计人书面澄清（以发包人签收的日期为准）之日起30天内支付。如果设计人在收到发包人要求书面澄清的通知后15天内（以设计人确认收到通知的日期为准）未作任何书面答复，则发包人不予支付，直到设计人作出书面澄清为止。

7.4　审查

设计人应保存能清楚证明有关勘察设计工作时间和支付费用的记录，并在发包人有要求时允许发包人指派的人员进行审查。

7.5　暂列金额

本合同的暂列金额在专用合同条款中约定。暂列金额应按发包人的书面指示全部或部分地使用，或根本不予动用。

如果使用暂列金额进行某项额外勘察设计工作、专题研究、审查和会务工作，其费用应按设计人投标报价中相应项目的基本单价和实际发生的工作量经发包人核定后支付，或者按实际发生的工作费用经发包人核实后支付。

7.6　勘察设计费用的调整

在合同实施期间，若由于国家政策调整或新颁法律、法规、标准的发布或市场因素变化导致本项目勘察设计费用的变化，则应根据专用合同条款的规定进行相应调整。

---

① 本款仅适用于采用综合评估法Ⅰ评标的项目。如招标人采用综合评估法Ⅱ评标，在专用合同条款中应将本款重新约定为“无论初步设计审批概算中相应勘察设计费的审批额是否与发包人在招标文件中给定的固定勘察设计费一致，发包人均应按给定的固定勘察设计费及合同约定的调整金额（如有）向设计人进行支付。”

7.7 质量保证金

为保证设计人的设计质量和设计服务,在勘察设计费中扣留专用合同条款约定的金额作为本项目的质量保证金,待项目交工证书签发后 28 天内返还给设计人。

7.8 税费

设计人应自行承担完成本项目勘察设计工作需缴纳的一切税费,并包括在报价清单各项目报价之内,发包人不另行支付。

8. 其他

8.1 法律和法规

本合同必须服从中华人民共和国现行法律和法规,对合同的解释应以中华人民共和国的现行法律和法规为准。

8.2 版权

发包人就本项目勘察设计及专题研究工作而向设计人提供的成果为发包人所拥有。设计人因受发包人委托进行的本项目勘察设计及专题研究而产生的成果均为双方所共同享有,其中任何一方向第三方转让时需经另一方同意,但若发包人因推行本项目的需要向第三者透露研究成果,则无须经过设计人的同意。

8.3 利益的冲突

除合同另有规定外,设计人及其雇员不应接受本合同规定以外的与本工程有关的利益和报酬;设计人不得参与与发包人的利益相冲突的任何活动。

8.4 争议的解决

8.4.1 本合同在执行过程中,如发生任何争议、纠纷或因违反、终止本合同而引起的对损失、损害的任何赔偿,应事先协商或由本项目上级交通运输主管部门协调,在设计人和发包人之间达成一致意见。如未能达成一致,可在专用合同条款中约定按下列一种方式解决:

(1)向约定的仲裁委员会申请仲裁;

(2)向约定的有管辖权的人民法院提起诉讼。

8.4.2 采用仲裁方式最终解决争议的项目,仲裁裁决是终局性的,并对发包人和设计人双方具有约束力。全部仲裁费用应由败诉方承担,或按仲裁委员会裁决的比例分担。

第二节　专用合同条款

第二节　专用合同条款

说明：

1. 招标人在根据《公路工程标准勘察设计招标文件》编制项目招标文件中的“专用合同条款”时，可根据招标项目的具体特点和实际需要，对“通用合同条款”进行补充、细化或约定。在“专用合同条款”中补充、细化或约定的不同内容，不得违反法律、行政法规的强制性规定和平等、自愿、公平和诚实信用原则。

2. 专用合同条款的编号应与通用合同条款一致。

根据本项目的具体情况,对通用合同条款的内容做如下补充、细化或约定:

1. 定义和解释

1.1 本次进行勘察设计招标的项目为____________________公路工程。

1.2 发包人:____________________。

1.10 本合同包括的具体勘察设计内容:________________________。

1.11 本合同包括的勘察报告:总体勘察设计大纲及外业勘测与地质勘察指导书、初勘报告、详勘报告。

1.12 本合同包括的设计文件:包括初步设计文件、技术设计文件(如需要)、施工图设计(含机电工程施工图补充设计、房建工程装饰装修设计)文件、概预算文件、施工招标图纸、工程量清单、项目施工专用技术规范、设计变更图纸、相关科研(如需要)、总体设计(如有)、专题报告(如需要)等有关项目文件。

2. 发包人的责任与义务

2.8 发包人应履行的其他义务:____。

3. 设计人的责任与义务

3.4 后续服务

3.4.2 本项目对设计代表的数量和资历条件要求:常驻施工现场的设计代表应不少于____名,设计代表处负责人应由负责本勘察设计项目的专业分项负责人或项目负责人担任。

补充 3.4.4、3.4.5 项:

3.4.4 设计人的设计代表处负责人、机构设置、人员组成、职责分工,在接到发包人通知后一周内,向发包人核备;同时,自备满足生活、办公需要的设施、设备及车辆。设计代表资格、人数及驻现场时间应满足以下要求,否则,设计代表处将被视为不合格,按设计人违约处理。

(1)除常驻人员外,涉及各专业其他人员应根据各专业工程进度进展各派至少 1 名参与本项目设计的专业设计人员按发包人要求分阶段进驻;

(2)在结构工程实施期间,结构专业的设计代表应确保每天驻现场;工程进展中涉及其他专业派驻的常驻设计代表常驻现场时间每月不得少于 20 天(发包人同意除外);

(3)设计代表处负责人应为本项目的设计负责人或分项负责人,在委任之前应征得发包人同意;

(4)设计代表处在工程实施的任何时间(发包人统一安排休息除外),常驻施工现场的设计代表不少于 2 名。

3.4.5　施工过程中发生变更，应采用设计技术联系单的形式，联系单内容应包括变更原因、变更估价及变更费用增减、变更内容。

3.5　履约担保

3.5.1 项约定为：

设计人在签订合同协议书之前，应向发包人提供金额为____% 签约合同价的履约担保。

履约担保的形式：银行保函。

履约保函应由国有商业银行或股份制商业银行的县（区、市）级或其以上级别银行开具。

3.9　其他义务

设计人应履行的其他义务：

3.9.1①　负责第____标段工程且又负责全线总体勘察设计的设计人，除应按合同规定完成本标段的勘察设计工作外，还应对本工程勘察设计的整体性、协调性负责。总体协调的要求及内容主要有：

（1）编制总体勘察设计大纲和事先指导书，统一勘察设计理念、勘察设计原则等，并报发包人审查确认；

（2）统一设计标准，统一结构物设计的通用图、标准图；

（3）协调各标段的勘察设计衔接及相关事宜；

（4）统筹考虑工程通信、收费、监控三大系统等的整体设计方案，并统筹考虑与浙江省高速公路收费结算中心和浙江省高速公路监控中心的联网设计；

（5）协调、统一文件的编制、汇总，编制说明和汇编总概（预）算等相关工作。

负责第____标段工程设计的设计人，除应按合同规定完成本标段的设计工作外，还应配合第____标段的总体勘察设计人做好有关勘察设计的配合工作。

总体设计人应组织参与的设计人编制总体勘察设计大纲和事先指导书，报发包人审查确认后执行。同时，要做好各工程专业间的相互协调及合理衔接，杜绝总体设计只是“简单汇总”的倾向。

各设计人要严格按照批准的总体勘察设计大纲和事先指导书的要求，认真做好各自承担的设计任务，积极配合总体设计人做好总体设计工作。

不同标段的设计人由此可能发生的一切相关费用均应计入投标价中，发包人将不另行支付。

3.9.2　贯彻“以人为本，安全至上”理念，提升项目工程的安全水平。

勘察设计始终应将“以人为本，安全至上”的理念贯穿于设计的全过程。应认真落实“地形地质选线”和“安全选线”原则，掌握地质状况，对不良地质灾害体要尽量予以绕

① 适用于划分多个标段时。

避,做好路线方案比选工作;因地制宜,合理采用技术指标,优化平纵面设计,尽量避免出现长大纵坡和高填深挖。同时,对交通工程及沿线设施应加强其针对性设计。对特殊复杂桥梁隧道工程,应认真组织开展公路桥梁和隧道工程安全风险评估工作,确保结构安全可靠、技术经济合理。应高度重视沿线气象、水文、地质等建设条件的调查工作,加强防护工程设计,进一步提高防灾抗灾能力,尽最大努力减少项目工程的水损坏,确保项目工程的畅通和安全。

3.9.3 贯彻"生态环保、资源节约"理念,促进项目工程可持续发展。

在设计中特别是在选取路线方案时要认真贯彻"生态环保选线"的原则,在满足规范标准的前提下,使路线尽量与地形相拟合,路基尽可能避免高填深挖,隧道尽可能实现"零开挖进洞",以减少对自然生态环境的破坏。路线尽量避免经过水源地保护区、风景名胜区、自然保护区、水土保持敏感区等区域,有影响时应做好环境影响、水土保持评价工作,采取相应保护措施。

在设计中应当统筹利用线位资源,将减少土地占用、减少矿产资源压覆作为路线方案选择和优化的重要指标,合理确定建设规模和方案,提高土地的集约利用程度,减少对土地的分割,尽可能不占或少占耕地,合理设置取弃土场,尽量复耕还田。

按照发展循环和低碳经济的要求,在沿线房屋设施、隧道照明等供配电设计中,合理利用风能、太阳能、地热等清洁能源和节能设备,以节约利用资源。

3.9.4 贯彻"全寿命周期成本"理念,合理控制建设成本。

树立全寿命周期成本的理念,应从项目生命周期全过程去看待成本,既要注重项目初期的建设成本,也要注重后期的维修和养护成本。

应把提高建设质量和工程耐久性放在首位,确定符合实际需要和经济能力的工程建设方案,应避免贪大求洋,不允许未经批准擅自提高标准、扩大建设规模。

应将严格控制工程投资作为约束性目标,始终贯穿到项目设计各个环节,在精心设计、优化设计上下功夫。

应吸收已建成项目养护和运营管理中的好经验好做法,尽可能减少后期维护费用,延长使用寿命。

3.9.5 进一步加强地质勘察与外业调查工作,确保基础资料全面、实用、可信。

外业勘测勘察资料尤其是地质勘察资料是设计的基础和依据,直接影响工程方案的确定。

设计人应加强地质勘察和外业调查工作,确保基础资料全面、实用、可信。设计人应根据相关技术标准规范的要求,针对项目区域地形地质特点及工程建设需要,提出外业勘察特别是地质勘察的工作量、勘察重点及勘察费用,编制设计勘察指导书,报发包人批准,并报省级交通运输主管部门备案,以便发包人、交通运输主管部门监督检查,确保外业勘察工作保质、保量、规范进行。

外业指导书未按合同规定时间通过审查批准(备案),设计人应及时完善,并视作设计人违约。

凡是由于设计人未完成地质勘察指导书所确定的工作量而引发重大、较大设计变更的，发包人将不予确认，并追究设计人的责任。外业勘察报告通不过发包人和交通运输主管部门审查的，设计人必须及时补勘外业工作，直至通过发包人和交通运输主管部门的审查，同时视作设计人违约。

外业勘察验收工作是开展设计工作的基本要求和条件。发包人或交通运输主管部门，将组织有关单位和专家认真做好外业勘察验收，特别是地质勘察专项验收工作。凡是勘察工作量没有完成、深度不足的，发包人不得组织验收，验收不合格的不得开展内业设计工作。

3.9.6　强化过程管理，提高勘察设计质量。

设计人应建立健全内部质量保证体系，严格按照设计质量管理流程开展勘察设计，依据通过验收的外业勘察资料和地质勘察资料进行内业设计。

设计人应认真执行合同明确的勘察设计同期，不得随意变更周期，以保证设计质量。

设计人应充分利用外业勘测勘察成果，杜绝外业勘察与内业设计脱节。

施工图设计阶段应重视初步设计批复意见和审查咨询的意见，并逐条加以落实。

设计人应加强勘察设计过程的管理和控制。大力推行设计标准化。对非复杂或特殊要求桥梁上下部结构、路基路面、交通工程设施等尽量采用通用图或标准图，促进设计施工标准化，以提高设计施工质量和效率。

设计人应加强建设过程中设计与施工的密切配合衔接。路基边坡开挖后，设计人应根据实际地质情况，优化边坡坡率、边坡防护、绿化与排水方案；隧道进洞后，应根据围岩实际等级，细化衬砌方案等，认真做好后续服务和动态设计。

3.9.7　健全设计变更管理制度，规范设计变更管理。

对重大、较大设计变更发包人要组织专家进行研究论证，报经原设计批复部门审查批准后方可实施。

3.9.8　发包人或相关部门要求组织各阶段的勘察外业验收、图纸审查、专题技术论证会，会务费用均由设计人承担。

……

4. 勘察设计周期及提交成果

4.1　勘察设计周期及提交成果

本款约定为：①

---

① 根据公路工程的技术等级标准、工程规模、工程难易程序作出具体规定。对高速公路和较复杂的山区国省道公路，初步设计有效工作周期一般不少于120个工作日，施工图设计有效工作周期不少于180个工作日外，初步设计和施工图阶段的全部外业和航测最短勘察周期不得少于有效工作周期的30%，各时间节点为外业勘察与地质勘察指导书提交时间、外业勘测验收时间和初步设计、施工图审查时间。其他国省道公路项目初步设计有效工作周期一般应不少于60个工作日、施工图设计有效工作周期应不少于90个工作日。对地形、地质条件及工程方案复杂的项目，设计周期根据实际情况相应增加。县道项目参照执行。

(1)合同签订后____天内,编制设计勘察指导书,报发包人批准;合同签订后____个月内,通过初测、初勘外业验收并提交初测、初勘报告送审稿____份;

(2)初测、初勘外业验收后____个月内,提交初步设计文件送审稿____份;

(3)初步设计文件批复后____个月内,通过详勘、定测外业验收并提交详勘、定测报告送审稿____份;

(4)合同签订后____个月内,陆续提交各专题研究报告送审稿____份;

(5)详勘、定测外业验收后____个月内,提交主体土建工程施工图设计文件送审稿____份;其余工程的施工图设计文件根据工程项目进展及发包人要求进行提供;

(6)根据咨询单位、发包人和上级主管部门审查意见,对勘察报告、各设计文件及专题研究报告进行修改完善,提交勘察报告、初步设计文件和专题研究报告最终稿各____份,施工图设计文件最终稿每标段各____份;

(7)根据发包人招标工作进度的需要,分批提交开展施工招标工作所需的图纸、工程量清单、参考资料、项目施工专用技术规范等招标资料(每标段____份);

(8)征地拆迁图编绘:初步设计文件批复后____天内完成;

(9)施工现场配合服务:从项目开工至项目竣工验收,施工期暂定____年;缺陷责任期____年。

设计人还应向发包人提交最终成果的书面计算书一份,各阶段勘察报告、设计文件及专题研究报告的电子版一份。

5. 违约与赔偿

5.2 设计人的违约

第(4)项约定为:

(4)设计人应在收到发包人或发包人委托单位或政府主管单位提出的审查意见后 15 天内,完成对初步设计文件或施工图设计文件的修改(发包人同意延长期限的除外);

第(5)项约定为:

(5)因勘察设计深度不够、资料不足、方案缺陷以及勘察设计质量低劣而被要求返工从而造成质量问题;在合同实施期间,设计人实际勘察工作量应满足《公路工程地质勘察规范》(JTG C20—2011)及设计勘察指导书的规定,并不应少于其投标文件报价清单中填报的地质勘察工作量,否则发包人将在合同中扣减相应的地质勘察费用,或另行委托其他单位承担地质勘察工作。扣减费用按国家颁布的《工程勘察设计收费标准》(2002 年修订本)和《公路工程地质勘察规范》(JTG C20—2011)的规定、设计人投标文件报价清单中填报的地质勘察工作量计算;

第(13)项约定为:

(13)设计人其他违约情况:

a. 由于设计人原因,本项目任一施工标段变更价款超过相应标段中标价的 5% 及以

上的;或施工图预算(或工程决算)超过初步设计批复概算的;

b. 由于设计人原因,本项目编绘的征地拆迁图跟实际需要征地拆迁的数量相比超过3%及以上的;

c. 设计人所提交的分标段招标工程量清单和招标施工图相比较,工程数量误差累计金额超过该标段施工合同价(不含100章及暂列金额)5%以上的。

补充第(14)项,设计人违约处理:

(14)当设计人发生本款约定的违约情况时,发包人有权向设计人课以违约金,具体约定如下:

a. 设计人发生第5.2(1)项约定的违约情况,设计人将勘察设计任务转包的,发包人将有权解除合同,并课以设计人不超过勘察设计签约合同价10%的违约金;未经发包人同意私自分包的,责令改正,并视情况课以不超过签约合同价2%的违约金。

b. 设计人发生第5.2(2)项约定的违约情况,应限期改正,并可处违约金:对未按本合同规定的强制性技术标准、规范和规程进行勘察设计的,课以不超过签约合同价10%违约金;对未根据勘察成果进行工程设计的,视情况课以不超过签约合同价5%的违约金;对设计人在设计文件中指定或变相指定工程建设材料或设备生产厂、供应商的,每一处课以不超过签约合同价1‰的违约金。

c. 设计人发生第5.2(3)项约定的违约情况,未能按期提交勘察成果、设计文件、专题研究报告(发包人同意延长期限的除外),每延期1天课以签约不超过合同价的1‰的违约金,累计不超过签约合同价的5%,延期超过60天时,发包人可以解除合同。

d. 设计人发生第5.2(4)项约定的违约情况,未能在规定期限内完成对勘察成果、设计文件、专题研究报告的修改(发包人同意延长期限的除外),每延期1天课以不超过签约合同价的1‰的违约金,累计不超过签约合同价的5%,延期超过60天时,发包人可以解除合同。

e. 设计人发生第5.2(5)项约定的违约情况,除由设计人负责继续完善勘察设计外,发包人还可视造成的时间延误和费用损失,课以不超过签约合同价1%的违约金,同时,承担相应的赔偿责任。

f. 设计人发生第5.2(6)项约定的违约情况,每发生一次,课以不超过签约合同价的1‰的违约金。

g. 设计人发生第5.2(7)项约定的违约情况,设计人未及时选派合格的设计代理进驻施工现场的,每1天课以不超过签约合同价的2‰的违约金;未能在发包人和设计人约定的时间内给予答复、完成变更设计计,每1天课以不超过签约合同价的1‰,累计不超过签约合同价的5%。

h. 设计人发生第5.2(8)项约定的违约情况,设计人除应免收损失部分的勘察设计费外,设计人还应无偿继续完善勘察设计,并承担相当于直接受损失部分勘察设计费的赔偿金。

i. 设计人发生第5.2(9)项约定的违约情况,除执行本款第⑧条的规定外,同时课以不超过签约合同价 10% 的违约金,并报请有关部门视事故造成的损失情况给予其他处罚。

j. 设计人发生第 5.2(10)项约定的违约情况,发包人可视造成的时间延误和费用损失,要求设计人负责继续完善勘察设计或终止设计合同,取消设计人履行下阶段工作的资格。无论发包人是否要求设计人继续完善勘察设计或终止设计合同,发包人均将课以不超过签约合同价的 2% 的违约金,还将视造成的时间延误和费用损失情况要求设计人承担相应的赔偿责任,赔偿金最高上限不超过勘察设计签约合同价的 10%。

k. 设计人发生第 5.2(11)项约定的违约情况,设计人应无条件及时完成该设计变更,不得向发包人提出补偿费用的要求,同时发包人还将向设计人课以该变更工程量造价 5% 的赔偿金,但最多不超过勘察设计签约合同价的 10%。

l. 设计人发生第 5.2(12)项约定的违约情况,每更换 1 人课以五万元的违约金。

m. 设计人发生第 5.2(13)项约定的任一违约情形时,课以不超过签约合同价的 2% 的违约金。

n. 上述违约情况同时发生时,除 5.2(1)项外,违约金累计不超过签约合同价的 20%。

o. 所有违约金在设计人履约保证金中扣除,当履约保证金不足扣除时,将在设计人勘察设计费中扣除,赔偿金在设计人勘察设计费中扣除。

7. 费用与支付

7.1 勘察设计费用

7.1.2 项约定为:本合同的勘察设计工作计价模式为固定总价或固定单价。①

7.2 支付时间②

本项目勘察设计费用支付阶段如下:

(1)合同签署后 28 天内,发包人向设计人支付勘察设计费用(即签约合同价扣除暂列金额后,下同)的 10% 作为预付款(本合同履行后,预付款抵作勘察设计费,不再扣回);

(2)初步设计文件按期完成后并送至发包人处,经发包人或上级主管部门审查、批准后,支付勘察设计费用的 30%,累计支付勘察设计费用的 40%;

(3)主体土建工程施工图设计文件按期完成后并送至发包人处,经发包人或上级主管部门审查、批准后,支付勘察设计费用的 20%,累计支付勘察设计费用的 60%;

(4)主体土建工程施工招标图纸、参考资料、工程量清单及施工专用技术规范按期完成后并送至发包人处,发包人施工招标完成并与施工单位签订施工合同之后,支付勘察设计费用的 5%,累计支付勘察设计费用的 65%;

---

① 一般采用固定总价模式。

② 本款适用于固定总价模式。

(5)全部工程施工图设计文件均按期完成并送至发包人处，经发包人或上级主管部门审查、批准后，支付勘察设计费用的10%；

(6)全部工程施工招标图纸、参考资料、工程量清单及施工专用技术规范按期完成后并送至发包人处，发包人施工招标完成并与施工单位签订施工合同之后，支付勘察设计费用的5%；

(7)施工配合期支付勘察设计费的15%，按施工工期分年度平均支付，在各年度末支付；

(8)本项目交工证书签发后28天内，发包人向设计人退还质量保证金。

如在规定的时间内设计人没有收到付款时，则每延期1天，发包人应付给设计人拖欠金额的____‰①的违约金。

7.2　支付时间②

本项目勘察设计费用支付阶段如下：

(1)合同签署后28天内，发包人向设计人支付勘察设计费用的____%作为预付款(本合同履行后，预付款抵作勘察设计费，不再扣回)；

(2)本项目勘察设计工作采用固定综合单价计价，报价清单中所列工作量是预估数量，仅作为投标的共同基础，不能作为最终结算支付的依据；实际支付应按实际完成并经发包人确认的工作量和报价清单的单价计算支付金额；

(3)初步设计文件按期完成后并送至发包人处，经发包人或上级主管部门审查、批准后，支付初步设计阶段勘察设计费用的____%；

(4)主体土建工程施工图设计文件按期完成后并送至发包人处，经发包人或上级主管部门审查、批准后，支付施工图设计阶段勘察设计费用的____%；

(5)全部工程施工图设计文件均按期完成并送至发包人处，经发包人或上级主管部门审查、批准后，向设计人支付至勘察设计费用的90%；

(6)施工配合期内各年度末，发包人每年向设计人支付勘察设计费用的____%；

(7)本项目交工证书签发后28天内，发包人向设计人退还质量保证金。

如在规定的时间内设计人没有收到付款时，则每延期1天，发包人应付给设计人拖欠金额的____‰③的违约金。

7.5　暂列金额

本款约定为：

有下列情形之一导致设计人的勘察工作量增加，经发包人核定后，增加部分的勘察工作费用从暂列金额中列支，按设计人投标报价中相应项目的基本单价和实际发生的

① 按中国人民银行发布的同期六个月以内(含六个月)短期贷款基准利率加手续费计算。招标人不能自行取消本款内容或降低利率。

② 本款适用于固定单价模式。

③ 按中国人民银行发布的同期六个月以内(含六个月)短期贷款基准利率加手续费计算。招标人不能自行取消本款内容或降低利率。

工作量支付,投标报价中无相应项目的,则由发包人和设计人按有关规定商定费用:

(1)与工程可行性研究报告的勘察成果相比,地质情况有明显变化的;

(2)与工程可行性研究报告或初步设计文件相比,线位发生明显变化的;

(3)与工程可行性研究报告或初步设计文件相比,桥梁、隧道等结构物发生重大变化的。

本合同的暂列金额为工程勘察设计费的____%[①]。

7.6 勘察设计费用的调整

本款约定为:在合同实施期间,本项目勘察设计费用不随国家政策调整或法规、标准及市场因素变化进行调整。

7.7 质量保证金

本款约定为:本项目的质量保证金为勘察设计费用总额的 5%。

8. 其他

8.4 争议的解决

本款约定为:争议的最终解决方式为仲裁或诉讼[②]。

如采用仲裁,仲裁机构名称:________仲裁委员会。

如采用诉讼,诉讼机构名称:________法院。

---

① 暂列金额的百分比宜控制在 10% 以内。

② 二选一。

第三节　合同附件格式

附件一　合同协议书

合同协议书

本合同协议书由__________（以下简称“甲方”）与__________（以下简称“乙方”）于______年____月____日共同签署。

甲方通过____月____日的中标通知书接受了乙方为__________（项目名称）____标段勘察设计所做的投标，双方达成如下条款。

一、工程概况：

第____标段由K____+____至K____+____，长约____km，公路等级为____，设计时速为________，______路面，有____立交____处；特大桥____座，计长____m；大中桥____座，计长____m；隧道____座，计长____m以及其他构造物工程等。

二、乙方承担的勘察设计任务包括：____________________。

三、下列文件应作为本合同的组成部分：

（1）本协议书及各种合同附件（含评标期间和合同谈判过程中的澄清文件和补充资料；设计人提交的经发包人审核通过的勘察设计详细工作大纲及进度计划、专题研究详细工作大纲等）；

（2）中标通知书；

（3）投标函；

（4）专用合同条款；

（5）通用合同条款；

（6）勘察设计技术要求；

（7）报价清单（如有）；

（8）投标文件中承诺投入的项目主要人员；

（9）联合体协议（如有）；

（10）构成本合同组成部分的其他文件。

上述文件应认为是互为补充和解释的，但如有含义不清或互相矛盾处，以上面所列顺序在前者为准。

四、合同总价为人民币（大写）__________元（￥____元）（其中包括暂列金额__________元人民币）。

五、项目负责人：__________；分项负责人：__________。

六、勘察设计周期：____________________。

七、甲方和乙方双方的责任和义务及违约条款遵照勘察设计合同条款的规定。

八、本协议书在乙方提供履约担保后，由双方法定代表人或其委托代理人签署并加盖单位章后生效。乙方完成全部勘察设计工作且勘察设计费用结清后失效。

九、本合同协议书两份、副本__________份，合同双方各执正本一份，副本

__________份,当正本与副本的内容不一致时,以正本为准。

十、合同未尽事宜,双方另行签订补充协议。补充协议是合同的组成部分。

甲　方:(单位全称)　(盖单位章)	乙　方:(单位全称)　(盖单位章)
法定代表人	法定代表人
或	或
其委托代理人__________(职务)	其委托代理人__________(职务)
__________(姓名)	__________(姓名)
__________(签字)	__________(签字)
地　址:______________________	地　址:______________________
电　话:______________________	电　话:______________________
日　期:______________________	日　期:______________________

附件二　廉政合同

廉 政 合 同

根据《在交通基础设施建设中加强廉政建设的若干意见》以及有关工程建设、廉政建设的规定，为做好工程建设中的党风廉政建设，保证工程建设高效优质，保证建设资金的安全和有效使用以及投资效益，________________（项目名称）的项目法人__________（项目法人名称，以下简称“甲方”）与该项目____标段的设计人（设计人名称，以下简称“乙方”），特订立如下合同。

第一条　甲乙双方的权利和义务

（一）严格遵守党的政策规定和国家有关法律法规及交通运输部和浙江省交通运输厅的有关规定。

（二）严格执行________________（项目名称）____标段勘察设计合同文件，自觉按合同办事。

（三）双方的业务活动坚持公开、公正、诚信、透明的原则（法律认定的商业秘密和合同文件另有规定除外），不得损害国家和集体利益，不得违反工程建设管理规章制度。

（四）建立、健全廉政制度，开展廉政教育，设立廉政告示牌，公布举报电话，监督并认真查处违法违纪行为。

（五）发现对方在业务活动中有违反廉政规定的行为，有及时提醒对方纠正的权利和义务。

（六）发现对方严重违反本合同义务条款的行为，有向其上级有关部门举报、建议给予处理并要求告知处理结果的权利。

第二条　甲方的义务

（一）甲方及其工作人员不得索要或接受乙方的礼金、有价证券和贵重物品，不得在乙方报销任何应由甲方或甲方工作人员个人支付的费用等。

（二）甲方工作人员不得参加乙方安排的超标准宴请和娱乐活动；不得接受乙方提供的通信工具、交通工具和高档办公用品等。

（三）甲方及其工作人员不得要求或者接受乙方为其住房装修、婚丧嫁娶活动、配偶子女及其亲属的工作安排以及出国出境、旅游等提供方便等。

（四）不准向乙方和相关单位介绍或为配偶、子女、亲属参与同本勘察设计合同有关的勘察设计业务等活动。不得以任何理由要求乙方和相关单位在设计中使用某种产品、材料和设备。

第三条　乙方的义务

（一）乙方不得以任何理由向甲方及其工作人员行贿或馈赠礼金、有价证券、贵重礼品。

（二）乙方不得以任何名义为甲方及其工作人员报销应由甲方单位或个人支付的任

何费用。

(三)乙方不得以任何理由安排甲方工作人员参加超标准宴请及娱乐活动。

(四)乙方不得为甲方单位和个人购置或提供通讯工具、交通工具和高档办公用品等。

第四条　违约责任

(一)甲方及其工作人员违反本合同第一、二条,按管理权限,依据有关规定给予党纪、政纪或组织处理;涉嫌犯罪的,移交司法机关追究刑事责任;给乙方单位造成经济损失的,应予以赔偿。

(二)乙方及其工作人员违反本合同第一、三条,按管理权限,依据有关规定给予党纪、政纪或组织处理;给甲方单位造成经济损失的,应予以赔偿;情节严重的,甲方建议交通运输主管部门给予乙方一至三年内不得进入其主管的公路建设市场的处罚。

第五条　双方约定:本合同由双方或双方上级单位的纪检监察部门负责监督执行。由甲方或甲方上级单位的纪检监察部门约请乙方或乙方上级单位纪检监察部门对本合同执行情况进行检查,提出在本合同规定范围内的裁定意见。

第六条　本合同有效期为甲乙双方签署之日起至合同失效日止。

第七条　本合同作为__________(项目名称)____标段勘察设计合同的附件,与勘察设计合同具有同等的法律效力,经合同双方签署后立即生效。

第八条　本合同一式四份,由甲乙双方各执一份,送交甲乙双方的监督单位各一份。

甲　方:(单位全称)　(盖单位章)	乙　方:(单位全称)　(盖单位章)
法定代表人	法定代表人
或	或
其委托代理人__________(职务)	其委托代理人__________(职务)
__________(姓名)	__________(姓名)
__________(签字)	__________(签字)
地　址:__________________	地　址:__________________
电　话:__________________	电　话:__________________
日　期:__________________	日　期:__________________
甲方监督单位:(单位全称)(盖单位章)	乙方监督单位:(单位全称)(盖单位章)

附件三　履约保函

履 约 保 函

致:__________(发包人全称)

鉴于__________(设计人全称)(下称“设计人”)与__________(发包人全称)(下称“发包人”)签订了__________(项目名称)____标段勘察设计合同协议书,我方愿意无条件地、不可撤销地就设计人履行与你方订立的合同,向你方提供担保。

1. 担保金额为人民币(大写)______元(￥______元)。

2. 本保函自______________(生效日期)之日起生效,至__________(失效日期)之日失效。

3. 在本担保有效期内,如你方认为设计人违反合同约定的义务给你方造成经济损失,我方在收到你方以书面形式提出的在担保金额内的赔偿要求后,在7天内无条件支付,无须你方出具证明或陈述理由。

4. 发包人和设计人对合同条款进行任何修改或补充,我方承担本保函规定的义务不变。

担保银行:____(银行全称)(盖单位章)______

法定代表人或其委托代理人:__________(职务)

__________(姓名)

__________(签字)

地　　址:________________________________

邮政编码:________________________________

电　　话:________________________________

传　　真:________________________________

______年____月____日

第五章　勘察设计技术要求

第五章　勘察设计技术要求

一、勘察设计技术标准与规范

本工程的勘察设计过程和成果必须符合国家有关工程建设标准强制性条文和交通运输部关于公路勘察设计方面现行的标准、规范、规程、定额、办法、示例，以及浙江省关于公路工程勘察设计方面的文件、规定。

设计人在勘察设计工作中使用或参考上述标准、规范以外的技术标准、规范时，应征得发包人或发包人指定代表人的同意。

在设计过程中，如果国家或有关部门颁布了新的技术标准或规范，则设计人应采用新的标准或规范进行勘察设计。

设计人在勘察设计工作中必须使用中华人民共和国《工程建设标准强制性条文》（公路工程、房屋建筑、电力工程、信息工程部分）和下述标准、规范（不限于）：

1.（JTG B01—2003）　《公路工程技术标准》
2.（JTJ 002—87）　《公路工程名词术语》
3.（JTJ 003—86）　《公路自然区划标准》
4.（JTG/T B02-01—2008）　《公路桥梁抗震设计细则》
5.（JTG B03—2006）　《公路建设项目环境影响评价规范》
6.（JTG B04—2010）　《公路环境保护设计规范》
7.（JTG C10—2007）　《公路勘测规范》
8.（JTG C20—2011）　《公路工程地质勘察规范》
9.（JTG C30—2002）　《公路工程水文勘测设计规范》
10.（JTG E40—2007）　《公路土工试验规程》
11.（JTG D20—2006）　《公路路线设计规范》
12.（JTG D30—2004）　《公路路基设计规范》
13.（JTG D50—2006）　《公路沥青路面设计规范》
14.（JTG D40—2002）　《公路水泥混凝土路面设计规范》
15.（JTJ 018—97）　《公路排水设计规范》
16.（JTG D60—2004）　《公路桥涵设计通用规范》
17.（JTG D61—2005）　《公路圬工桥涵设计规范》
18.（JTG D62—2004）　《公路钢筋混凝土及预应力混凝土桥涵设计规范》
19.（JTG D63—2007）　《公路桥涵地基与基础设计规范》
20.（JTJ 025—86）　《公路桥涵钢结构及木结构设计规范》
21.（JTG D70—2004）　《公路隧道设计规范》

22.(JTJ 026.1—1999) 《公路隧道通风照明设计规范》
23.(JTG D81—2006) 《公路交通安全设施设计规范》
24.(JTG/T B07—01—2006) 《公路工程混凝土结构防腐蚀技术规范》
25.(JTG/T B05—2004) 《公路项目安全性评价指南》
26.(GB/T 50283—99) 《公路工程结构可靠度设计统一标准》
27.(GB 50162—92) 《道路工程制图标准》
28.(交公路发[2007]358 号) 《公路工程基本建设项目设计文件编制办法》
29.(JTG B06—2007) 《公路工程基本建设项目概算预算编制办法》
30.(JTG/T B06-01—2007) 《公路工程概算定额》
31.(JTG/T B06-02—2007) 《公路工程预算定额》
32.(JTG/T B06-03—2007) 《公路工程机械台班费用定额》
33.(建标[1999]278 号) 《公路建设项目用地指标》
34.(CECS 09—89) 《工业企业程控用户交换机工程设计规范》
35.(YD 2002—92) 《长途通信干线电缆线路工程设计规范》
36.(YD 5102—2010) 《通信线路工程设计规范》
37.(YDJ 44—89) 《电信网光纤数字传输系统工程施工及验收暂行技术规定》
38.(YD 5098—2005) 《通信局(站)防雷与接地工程设计规范》
39.(GB 50374—2006) 《通信管道工程施工及验收技术规范》
40.(GB 50198—94) 《民用闭路监视电视系统工程技术规范》
41.(GB 50174—2008) 《电子信息系统机房设计规范》
42.(ITU - T) 《国际电工协会系列标准》
43.(GB 50057—94) 《建筑物防雷设计规范》
44.(JGJ 16—2008) 《民用建筑电气设计规范》
45.(YDJ 9—90) 《市内通信全塑电缆线路工程设计规范》
46.(YD/T 5138—2005) 《本地通信线路工程验收规范》
47.(GB 50168—2006) 《电气装置安装工程电缆线路施工及验收规范》

二、发包人根据工程需要另行补充的勘察设计技术要求

……

第六章　投标文件格式[①]

① 本章按照双信封形式提供了投标文件格式,招标人可结合招标项目特点和实际需要,对本章内容进行补充、细化。

浙　江　省

______________(项目名称)_______标段勘察设计招标

投 标 文 件

第一卷　商 务 文 件

投标人：________________(盖单位章)

______年____月____日

目　　录

一、投标函(适用于综合评估法Ⅰ)

__________(招标人全称):

1.经现场踏勘和研究__________(项目名称)____标段勘察设计招标文件的全部内容(含第____号至第____号补遗书)后,我方就上述勘察设计任务及相关服务进行投标,其中投标价详见报价函。

2.一旦我方中标,我方保证在收到中标通知书规定的期限内与你方签订合同协议书,并在勘察设计合同协议书所规定的期限内完成通知要求的勘察设计任务。

3.项目负责人姓名:__________,性别:____,年龄:____,现任职务:__________,职称:__________。

4.如果我方中标,我方将按照规定提交履约担保,共同地和分别地承担责任。

5.我方承诺在本投标文件有效期内,本投标函对我方具有约束力,并随时接受中标。

6.在合同协议书正式签署生效之前,本投标函连同你方的中标通知书将构成我们双方之间共同遵守的文件,对双方具有约束力。

7.我方以金额为人民币____万元投标担保与本投标函同时递交。

8.在此我方郑重承诺:我方将按发包人的要求提供高质量的后续服务,后续服务的承诺为____________________。

投 标 人:____________________(盖单位章)
法定代表人或其委托代理人:________(签字)
地　　址:______________________________
网　　址:______________________________
电　　话:______________________________
传　　真:______________________________
邮政编码:______________________________

______年____月____日

一、投标函(适用于综合评估法Ⅱ)

__________(招标人全称):

1. 经现场踏勘和研究__________(项目名称)____标段勘察设计招标文件的全部内容(含第____号至第____号补遗书)后,我方就上述勘察设计任务及相关服务进行投标,我方声明接受招标人给定的固定勘察设计费,即人民币(大写)__________元(¥____),其中公路工程勘察费为人民币(大写)__________元(¥____)、公路设计费为人民币(大写)__________元(¥____),暂列金额为人民币(大写)__________元(¥____)。

2. 如果我方中标,我方保证在收到中标通知书规定的期限内与你方签订合同协议书,并在勘察设计合同协议书所规定的期限内完成通知要求的勘察设计任务。

3. 项目负责人姓名:__________,性别:____,年龄:____,现任职务:__________,职称:__________。

4. 如果我方中标,我方将按照规定提交履约担保,共同地和分别地承担责任。

5. 我方承诺在本投标文件有效期内,本投标函对我方具有约束力,并随时接受中标。

6. 在合同协议书正式签署生效之前,本投标函连同你方的中标通知书将构成我们双方之间共同遵守的文件,对双方具有约束力。

7. 我方以金额为人民币____万元投标担保与本投标函同时递交。

8. 在此我方郑重承诺:我方将按发包人的要求提供高质量的后续服务,后续服务的承诺为____________________。

投 标 人:____________________(盖单位章)

法定代表人或其委托代理人:__________(签字)

地　　址:______________________________

网　　址:______________________________

电　　话:______________________________

传　　真:______________________________

邮政编码:______________________________

______年____月____日

二、法定代表人身份证明或法定代表人的授权委托书

(一)法定代表人身份证明

投标人名称：______________________

单 位 性 质：______________________

地　　　址：______________________

成立时间：______年____月____日

姓名：__________(法定代表人亲笔签字)　性别：______　年龄：______　职务：________

系__________(投标人名称)的法定代表人。

特此证明。

投标人：________________(盖单位章)

______年____月____日

注：1. 法定代表人的签字必须是亲笔签名，不得使用印章、签名章或其他电子制版签名代替；

2. 在法定代表人身份证明后应附有公证机关出具的加盖钢印、单位章并盖有公证员签名章的公证书，钢印应清晰可辨，同时需对法定代表人身份证明中法定代表人的签名、投标人的单位章的真实性进行公证；

3. 公证书出具的日期与法定代表人身份证明出具的日期同日或在其之后；

4. 如果由投标人的法定代表人签署投标文件，需提交法定代表人身份证明；

5. 以联合体方式投标的，本法定代表人身份证明应由联合体牵头人按上述规定签署并公证。

(二)授权委托书①

本人__________(姓名)系__________(投标人名称)的法定代表人,现委托__________(姓名)为我方代理人。代理人根据授权,以我方名义签署、澄清、说明、补正、递交、撤回、修改__________(项目名称)__________标段勘察设计投标文件,签订合同和处理有关事宜,其法律后果由我方承担。

委托期限②:__________。

代理人无转委托权。

投　标　人:____________________________(盖单位章)

法定代表人:________________________________(签字)

身份证号码:____________________________________

委托代理人:________________________________(签字)

身份证号码:____________________________________

______年____月____日

注:1. 法定代表人和委托代理人必须在授权委托书上亲笔签名,不得使用印章、签名章或其他电子制版签名代替;

2. 在授权委托书后应附有公证机关出具的加盖钢印、单位章并盖有公证员签名章的公证书,钢印应清晰可辨,同时公证内容完全满足招标文件规定;

3. 公证书出具的日期与授权书出具的日期同日或在其之后;

4. 以联合体形式投标的,本授权委托书应由联合体牵头人的法定代表人按上述规定签署并公证。

---

① 如果由投标人法定代表人的委托代理人签署投标文件,需提交授权委托书。

② 委托期限可写:自本委托书签署之日起至投标有效期满。

三、联合体协议书

__________(所有成员单位名称)自愿组成联合体,共同参加______________(项目名称)__________标段勘察设计投标。现就联合体投标事宜订立如下协议。

1. __________(某成员单位名称)为牵头人。

2. 联合体牵头人合法代表联合体各成员负责本招标项目投标文件编制和合同谈判活动,代表联合体提交和接收相关的资料、信息及指示,处理与之有关的一切事务,并负责合同实施阶段的主办、组织和协调工作。

3. 联合体将严格按照招标文件的各项要求,递交投标文件,履行合同,并对外承担连带责任。

4. 联合体牵头人代表联合体签署投标文件,联合体牵头人的所有承诺均认为代表了联合体各成员。

5. 联合体各成员单位内部的职责分工如下:__________(牵头人名称)承担____专业工程,__________(成员一名称)承担____专业工程,__________(成员二名称)承担____专业工程……

6. 投标工作和联合体在中标后工程实施过程中的有关费用按各自承担的工作量分摊。

7. 本协议书自签署之日起生效,合同履行完毕后自动失效。

8. 本协议书一式____份,联合体成员和招标人各执一份。

牵头人名称:______________________(盖单位章)
法定代表人:__________________________(签字)

成员一名称:______________________(盖单位章)
法定代表人:__________________________(签字)

成员二名称:______________________(盖单位章)
法定代表人:__________________________(签字)
……

______年____月____日

四、投标保证金

若采用银行电汇,投标人应在此提供电汇回单的复印件。

如采用银行保函,银行保函原件装订在投标文件的正本之中,格式如下。

__________(招标人名称):

鉴于__________(投标人名称)(以下称“投标人”)于______年____月____日参加__________(项目名称)__________标段勘察设计的投标,__________(担保人名称,以下简称“我方”)无条件地、不可撤销地保证:投标人在规定的投标有效期内撤销或修改其投标文件的,或者投标人不接受依据评标办法的规定对其投标文件中细微偏差进行澄清和补正,或者投标人提交了虚假资料,或者投标人在收到中标通知书未按招标文件规定提交履约担保或拒绝签订合同协议书的,我方承担保证责任。收到你方书面通知后,在7天内无条件向你方支付人民币(大写)__________元。

本保函在投标有效期或经延长的投标有效期内保持有效。[①] 要求我方承担保证责任的通知应在上述期限内送达我方。你方延长投标有效期的决定,应通知我方。

担保人名称:______________________(盖单位章)

法定代表人或其委托代理人:____________(签字)

地　　址:______________________________

邮政编码:______________________________

电　　话:______________________________

传　　真:______________________________

______年____月____日

① 本条内容可修改为:“本保函自__________(生效日期)之日起生效,至__________(失效日期)之日失效。”

五、拟分包项目情况表

分包人名称		地　　址	
法定代表人		电　　话	
营业执照号码		资质等级	
拟分包的勘察设计任务及其工作量			
分包工作量占总工作量的比例(%)			
分包人完成类似勘察设计任务的经历	注:本栏应写明分包人以往做过的类似勘察设计任务,包括工程名称、工程地点、造价、勘察设计周期和其发包人的姓名和地址		
拟配备主要人员的情况	注:本栏应写明分包人拟配备的主要人员,包括姓名、性别、年龄、职称、拟担任职务、工作经历等内容		

注:1. 如无分包人,则投标人应填写“无”。

2. 如有分包人,在本表后应附分包人的法人营业执照副本(全本)的复印件、资质证书副本(全本)的复印件。上述所有执照、证书复印件均应加盖分包人单位章。

六、资格审查表

(一)投标人基本情况表

<table>
<tr><td>投标人名称</td><td colspan="6"></td></tr>
<tr><td>注 册 地 址</td><td colspan="3"></td><td>邮政编码</td><td colspan="2"></td></tr>
<tr><td rowspan="2">联 系 方 式</td><td>联系人</td><td colspan="2"></td><td>电　　话</td><td colspan="2"></td></tr>
<tr><td>传　真</td><td colspan="2"></td><td>电子邮件</td><td colspan="2"></td></tr>
<tr><td>法定代表人</td><td>姓　名</td><td></td><td>技术职称</td><td></td><td>电　话</td><td></td></tr>
<tr><td>技术负责人</td><td>姓　名</td><td></td><td>技术职称</td><td></td><td>电　话</td><td></td></tr>
<tr><td>成 立 时 间</td><td colspan="2"></td><td colspan="4">员工总人数:</td></tr>
<tr><td>勘察资质等级</td><td colspan="2"></td><td rowspan="3">其　中</td><td>高级职称</td><td colspan="2"></td></tr>
<tr><td>设计资质等级</td><td colspan="2"></td><td>中级职称</td><td colspan="2"></td></tr>
<tr><td>营业执照号</td><td colspan="2"></td><td>各类注册人员</td><td colspan="2"></td></tr>
<tr><td>注 册 资 金</td><td colspan="6"></td></tr>
<tr><td>基本账户开户银行</td><td colspan="6"></td></tr>
<tr><td>基本账户账号</td><td colspan="6"></td></tr>
<tr><td>经 营 范 围</td><td colspan="6"></td></tr>
<tr><td>备　　注</td><td colspan="6"></td></tr>
</table>

注:1. 在本表后应附企业法人营业执照副本(全本)的复印件、勘察资质证书副本(全本)的复印件、设计资质证书副本(全本)的复印件、基本账户开户许可证的复印件、投标人浙江交通网诚信信息系统公开信息打印件、ISO 9000系列质量体系认证证书复印件。上述所有执照、证书复印件均应加盖投标人单位章。

2. 以联合体形式参与投标的,联合体各成员应分别填写。

(二)________年____月____日以来[①]完成的类似项目情况表

项目名称	
项目所在地	
发包人名称	
发包人地址	
发包人电话	
项目等级	
项目总投资	
合同价格	
承担的勘察设计工作	
勘察设计周期	
项目负责人	
项目完成情况	
项目描述	
备　　注	

注:1. 投标人应提供______年____月____日以来已完成的类似勘察设计项目情况。每张表格只填写一个项目,并标明序号。

2. 项目完成情况:根据先后顺序分为"初步设计已批复"、"施工图设计已审批"等不同阶段,投标人应根据项目实际完成情况进行填报。

3. 本表后应附中标通知书或合同协议书的复印件、并按照投标人填报的完成情况提供相关业绩证明材料。其中"初步设计已批复"的证明材料应为初步设计批复文件的复印件、"施工图设计已审批"的证明材料应为施工图设计批复文件的复印件。工程规模的解释顺序为:与招标阶段相适应的设计已通过审查的证明文件、合同协议书;如果投标人提供的上述证明材料均无法体现出"投标人须知前附表"附录 2 要求的建设规模或技术指标(如有),则投标人还需提供发包人或行业主管部门出具的证明材料。

4. 如______年____月____日以来,投标人法人机构发生合法变更或重组或法人名称变更时,应提供相关部门的合法批件或其他相关证明材料来证明其所附业绩的继承性。

5. 以联合体形式参与投标的,联合体各成员应分别填写。

---

① 应与资格审查条件规定的时间一致,下同。

(三)正在进行的勘察设计和新承接的项目情况表

起 讫 时 间	项 目 概 况	发包人名称	计划完成日期	备　　注

注:1. 投标人应如实将正在测设中或已中标还未签订合同(包括已签订合同但尚未开始)的主要公路勘察设计项目情况填入本表中。

2. 项目概况包括:项目名称、项目等级、规模、总投资、勘察设计周期、项目负责人。

3. 本表后须应附中标通知书或合同协议书的复印件。

4. 以联合体形式参与投标的,联合体各成员应分别填写。

(四)拟委任的主要人员汇总表

姓　　名	年　　龄	拟在本项目中担任的职务	技术职称	工作年限	类似勘察设计经验年限

注:1. 本表填报的人员应满足“投标人须知前附表”附录3的要求。

2. 本表后应附投标人所属社保机构出具的拟委任的主要人员参加社保的有效证明材料(近3个月,并加盖社保机构单位章);如果投标人属事业法人单位,则由投标人的上级主管部门出具拟委任的主要人员是投标人本单位职工的书面证明材料。

(五)主要人员资历表

<table>
<tr><td colspan="10">1. 一 般 情 况</td></tr>
<tr><td>姓　名</td><td></td><td>性　别</td><td></td><td>年　龄</td><td></td><td>学　位</td><td></td><td>身份证号码</td><td></td></tr>
<tr><td>职　称</td><td></td><td colspan="3">为投标人服务时间(年)</td><td colspan="2"></td><td colspan="2">在本合同中拟任职</td><td></td></tr>
<tr><td>学　历</td><td colspan="9">年毕业于　　　　　　　　　　(学校)　　　　　　　　　　(专业)</td></tr>
<tr><td colspan="10">2. 经　　历</td></tr>
<tr><td>时　间</td><td colspan="6">负责过的主要工程(类型和金额)</td><td colspan="2">该项目中任职</td><td>发包人及联系电话</td></tr>
<tr><td></td><td colspan="6"></td><td colspan="2"></td><td></td></tr>
<tr><td colspan="10">3. 获 奖 情 况</td></tr>
<tr><td colspan="10"></td></tr>
<tr><td colspan="10">4. 目前承担的任务</td></tr>
<tr><td colspan="10"></td></tr>
</table>

注:1. 本表人员应与表(四)中所列人员相一致,附拟委任的主要人员的身份证、职称资格证书以及资格审查条件所要求的其他相关证书(如注册岩土工程师、造价工程师执业证书等)的复印件、主要人员浙江交通网诚信信息系统人员职称等相关证书公开信息打印件等。

2. 项目负责人还应提供其满足资格审查条件的相关业绩证明材料复印件:中标通知书,或合同协议书,或设计批复文件,或发包人、行业主管部门出具的业绩证明;以上材料中应体现人员的姓名和任职。

(六)投标人信誉情况表

投标人应针对第二章“投标人须知前附表”附录 4 的要求,在此对其信誉情况作出说明。

(七)投标人与其他单位资产关联、隶属关系框图

本框图须提供涉及投标人利益关系的所有资产关联情况,应在本框图内明确显示投标人的投资人、母公司、子公司、分公司及其控股和参股公司。

（八）诚信系统信息表

<table>
<tr><td>投标人全称</td><td colspan="3"></td></tr>
<tr><td>投标人资质</td><td colspan="3"></td></tr>
<tr><td colspan="3">是否在浙江省交通建设市场诚信信息系统中承诺向社会公开信息</td><td>（填是或否）</td></tr>
<tr><td colspan="4">在浙江省交通建设市场诚信信息系统中，投标人拟委任主要人员信息公开情况</td></tr>
<tr><td>人员</td><td>姓名</td><td>是否在信息系统中公开
（填是或否）</td><td>备注</td></tr>
<tr><td>项目负责人
（职称证信息）</td><td></td><td></td><td rowspan="5">本表后附查询结果打印件</td></tr>
<tr><td rowspan="4">其他所有分项负责人
的职称等相关
证书信息</td><td></td><td></td></tr>
<tr><td></td><td></td></tr>
<tr><td></td><td></td></tr>
<tr><td></td><td></td></tr>
</table>

注：上述人员未填写或未附查询结果打印件视为未公开。

(九)履约行为表

投 标 人 应 如 实 填 写 下 列 内 容	
投标人应如实填写下列内容[①]： 1. 近 1 年来(自______年 1 月 1 日以来),有无被省级及以上单位(部门)书面通报限制投标,并在处罚期内的; 2. 近 3 年来(自______年 1 月 1 日以来),投标人或拟委任的项目负责人在工程建设领域中,有无行贿受贿行为(以法院书面判决书认定行为为准)。	

注:有上述行为隐瞒不报的,一经查实,作废标处理,并视为投标人提供虚假资料。

① 本表中要求应与评标办法中信誉扣分内容相对应。

七、其 他 材 料

浙　江　省

_______________（项目名称）_______标段勘察设计招标

投 标 文 件

第二卷　技 术 文 件

投标人：________________（盖单位章）

______ 年 ____ 月 ____ 日

目　　录

八、技术建议书[①]

（50 000 字以内）

主要内容包括：

1. 对招标项目的理解和总体设计思路；
2. 对招标项目勘察设计的特点、关键性技术问题的认识及其对策措施；
3. 对前一阶段工作技术结论及技术方案的不同看法及建议[②]；
4. 勘察设计工作量及计划安排；
5. 招标项目的勘察设计的质量保证措施、进度保证措施；
6. 后续服务的安排及保证措施；
7. 其他建议。

（附必要的图纸）

① 技术建议书采用标准图框 A3 幅面，单独装订成册（仅限一册，含文字说明、工程估算在内，总页数不限）。

② 本项适用于技术特别复杂的特大桥梁、长大隧道项目，或者地质、地形条件特别复杂的公路项目。

图框格式

投 标 人	________公路工程	(图 名)	图 号		时 间	______年____月

说明:上、下及右页边距分别为1cm,左页边距为2.5cm。

浙　江　省

______________（项目名称）_______标段勘察设计招标

投 标 文 件

第三卷　报 价 清 单

投标人：________________（盖单位章）

______ 年 ____ 月 ____ 日

目　　录

一、报　价　函

致:__________(招标人全称)

经现场踏勘和研究__________(项目名称)勘察设计招标文件的全部内容(含第____号至第____号补遗书)后,我方就上述勘察设计任务及相关服务进行投标。

根据分析计算,我方愿以投标价人民币(大写)__________元(¥____),完成本招标项目规定的所有工作内容,并接受招标文件第三章"评标办法"第2.8款规定的对本投标价进行的"算术性修正"。同时,我方承诺:本投标价最终接受"通用合同条款"和"专用合同条款"第7.1款及"专用合同条款"第7.6款的约束和调整。

投 标 人:________________________(盖单位章)
法定代表人或其委托代理人:____________(签字)
地　　址:__________________________________
网　　址:__________________________________
电　　话:__________________________________
传　　真:__________________________________
邮政编码:__________________________________

______年____月____日

二、报价清单说明

1.“报价清单”应与“投标人须知”、“通用合同条款”、“专用合同条款”和“勘察设计技术要求”一起使用。投标人应根据本招标项目前一阶段(工可阶段或初步设计阶段)批复意见和强制性要求,按照本招标文件规定的勘察设计工作内容和计划工作量,认真阅读分析本招标项目勘察设计原始资料,在编制完成技术建议书的前提下,慎重提出“报价清单”,并以此作为本招标项目勘察设计费的基础。

2.设计人应按照国家有关工程建设标准强制性条文和交通运输部有关标准、规范、规程、定额、办法、示例等要求的内容和深度,开展本招标项目的勘察设计工作,并将勘察设计费计入相应的报价项目中。“报价清单”所列的报价,应包括测量、勘察、测试、设计、专题研究等为完成本招标项目勘察设计全过程的一切费用,包括按合同规定应完成的勘察设计费和后续服务费(招标配合和施工配合)、与勘察设计文件审查有关的各种会议的会务费用以及设计人自行委托咨询的咨询费、利润、税金等与此有关的一切费用。

3.公路工程勘察设计各阶段工作量及费用划分比例,应参照国务院价格主管部门制定的《工程勘察设计收费标准》的规定。

4.“报价清单”为通用表格,投标人应根据本招标项目工作内容,按照表格格式详细填写,以免遗漏或有误。投标人没有报价的项目,招标人将认为有关费用已包含在其他项目之中,不另行支付。凡清单项目中未包含的但在勘察设计中又必须完成的工作内容,均被认为已包含在清单各项报价中,发包人不另行支付。

5.投标人在“报价清单”中的报价应以人民币为单位。

6.“报价清单”应单独密封在第二个信封中,并注明“投标文件第三卷《报价清单》”。

7.投标人应在“报价清单”后附详细的计算说明,包括计算方法、取费依据等,以便招标人对投标人勘察设计报价的合理性作出判断。

三、公路工程勘察工作报价清单表①

第____标段　　　　　　　　　　　　　　　　　　　　单位:元(人民币)

序　号	项 目 名 称	计 量 单 位	实物工作量	单 价 金 额	合 价 金 额
1	**控制测量**				
-1	一级	km			
-2	二级	km			
-3	二等	km			
-4	三等	km			
-5	四等	km			
	……				
2	**地形图测绘**(陆地)				
-1	1∶500	km^2			
-2	1∶1 000	km^2			
-3	1∶2 000	km^2			
-4	1∶5 000	km^2			
-5	1∶10 000	km^2			
	……				
3	**水下地形图测绘**				
-1	1∶200	km^2			
-2	1∶500	km^2			
-3	1∶1 000	km^2			
-4	1∶2 000	km^2			
	……				
4	**航空测绘**				
-1	1∶500	km^2			
-2	1∶1 000	km^2			
-3	1∶2 000	km^2			
	……				
5	**勘探**				
-1	钻孔	m			

① 如果采用固定单价计价模式,招标人在报价清单表中应填入预估数量,作为投标的共同基础。

续上表

序　号	项 目 名 称	计 量 单 位	实物工作量	单 价 金 额	合 价 金 额
-2	井探	m			
-3	槽探	m			
-4	洞探	m			
-5	标准贯入试验	m			
-6	动力触探	m			
-7	静力触探	m			
-8	地质雷达	点			
-9	地质雷达	km			
-10	物探				
-a	电法	点			
-b	地震法	点			
-c	地震法	km			
-d	声波	km			
-e	测井	点			
-f	测井	m			
	……				
6	**初测**	km			
	……				
7	**定测**	km			
	……				
8	**一次定测**(如有)	km			
	……				
合　计:					

注:本清单格式仅为示例,投标人应根据本招标项目工程特点、按照《公路工程地质勘察规范》、《公路勘测规范》、《公路勘测细则》及合同条款的相关规定,核实勘察工作内容及工作量,分别列出并填写本表各勘察项目的分项及子项。同时,投标人应将详细的计算说明(包括每一分项、子项的计算依据及计算过程等)附在报价清单后面。

四、公路工程设计工作报价清单表①

第____标段　　　　　　　　　　　　　　　　单位:元(人民币)

序　号	项　　目	计量单位	实物工作量	单价金额	合价金额
一	**初步设计**				
1	**公路**				
-1	Ⅰ级				
-2	Ⅱ级				
-3	Ⅲ级				
	……				
2	**桥梁**				
-1	Ⅰ级				
-2	Ⅱ级				
-3	Ⅲ级				
-a	河槽内桥梁				
-b	河滩内桥梁				
	……				
3	**隧道**				
-1	Ⅰ级				
-2	Ⅱ级				
-3	Ⅲ级				
	……				
4	**立体交叉**				
-1	Ⅰ级				
-2	Ⅱ级				
-3	Ⅲ级				
	……				
5	**交通工程及沿线设施**				
	……				
6	**环保、水保及绿化景观设计**				
	……				

① 如果采用固定单价计价模式,招标人在报价清单表中应填入预估数量,作为投标的共同基础。

续上表

序　号	项　　目	计量单位	实物工作量	单价金额	合价金额
7	**专题研究**				
	……				
二	**施工图设计**				
1	**公路**				
-1	Ⅰ级				
-2	Ⅱ级				
-3	Ⅲ级				
	……				
2	**桥梁**				
-1	Ⅰ级				
-2	Ⅱ级				
-3	Ⅲ级				
-a	河槽内桥梁				
-b	河滩内桥梁				
	……				
3	**隧道**				
-1	Ⅰ级				
-2	Ⅱ级				
-3	Ⅲ级				
	……				
4	**立体交叉**				
-1	Ⅰ级				
-2	Ⅱ级				
-3	Ⅲ级				
	……				
5	**交通工程及沿线设施**				
	……				
6	**环保、水保及绿化景观设计**				
	……				

续上表

序　号	项　　目	计 量 单 位	实物工作量	单 价 金 额	合 价 金 额
三	**其他**				
	……				
合　　计:					

注:1. 本清单格式仅为示例,投标人应根据本招标项目工程特点和设计工作内容,分别列出并填写本表各设计项目的分项及子项。

2. 本清单表中"其他"是指工程设计实际需要或提供相关服务收取的费用,包括总体设计费、主体设计协调费、采用标准设计和复用设计费、非标准设备设计编制费、施工图预算编制费、竣工图编制费等。

3. 投标人应将详细的计算说明(包括每一分项、子项的计算依据及计算过程等)附在报价清单后面。

五、报价清单汇总表

第____标段 单位:元(人民币)

序　号	项　　目	费 用 合 计	备　　注
(1)	公路工程勘察		
(2)	公路工程设计		
(3)	合计		(1)+(2)
(4)	浮动比例	____%	
(5)	浮动后合计		(3)×[1+(4)]
(6)	暂列金额		(5)×____%①
(7)	投标报价总计		(5)+(6)

① 暂列金额应按照专用合同条款第 7.5 款规定计列,暂列金额的百分比宜控制在 10% 以内。

附录　关于已进行资格预审的项目的说明

一、《招标文件范本》第一章修改为“投标邀请书”，格式如下：

第一章　投标邀请书[①]

＿＿＿＿＿（项目名称）勘察设计投标邀请书

＿＿＿＿＿（被邀请单位名称）：

你单位已通过资格预审，现邀请你单位按招标文件规定的内容，参加＿＿＿＿＿（项目名称）＿＿标段勘察设计投标。

请你单位于＿＿＿年＿＿月＿＿日至＿＿＿年＿＿月＿＿日（法定公休日、法定节假日除外），每日上午＿＿时至＿＿时，下午＿＿时至＿＿时（北京时间，下同），在＿＿＿＿＿（详细地址）持本投标邀请书、单位介绍信、经办人身份证购买招标文件。参加多个标段投标的投标人必须分别购买相应标段的招标文件，并对每个标段单独递交投标文件。

招标文件每套售价＿＿元，售后不退。

招标人将于下列时间和地点组织进行工程现场踏勘并召开投标预备会。

踏勘现场时间：＿＿＿年＿＿月＿＿日＿＿时，集中地点：＿＿＿＿＿。

投标预备会时间：＿＿＿年＿＿月＿＿日＿＿时，地点：＿＿＿＿＿。

投标文件递交的截止时间（投标截止时间，下同）为＿＿＿年＿＿月＿＿日＿＿时＿＿分，投标人应于当日＿＿时＿＿分至＿＿时＿＿分将投标文件递交至＿＿＿＿＿。

逾期送达的或者未送达指定地点的投标文件，招标人不予受理。

你单位收到本投标邀请书后，请于＿＿＿＿＿（具体时间）前以传真或快递方式予以确认，并明确是否准备参与投标。

招 标 人：＿＿＿＿＿＿＿＿＿	招标代理机构：＿＿＿＿＿＿＿
地　　址：＿＿＿＿＿＿＿＿＿	地　　址：＿＿＿＿＿＿＿＿＿
邮政编码：＿＿＿＿＿＿＿＿＿	邮政编码：＿＿＿＿＿＿＿＿＿
联 系 人：＿＿＿＿＿＿＿＿＿	联 系 人：＿＿＿＿＿＿＿＿＿
电　　话：＿＿＿＿＿＿＿＿＿	电　　话：＿＿＿＿＿＿＿＿＿
传　　真：＿＿＿＿＿＿＿＿＿	传　　真：＿＿＿＿＿＿＿＿＿

＿＿＿年＿＿月＿＿日

① 招标人可根据项目具体特点和实际需要对本章内容进行补充、细化，但应遵守《中华人民共和国招标投标法》、《中华人民共和国招标投标法实施条例》和《招标公告发布暂行办法》等有关法律、法规的规定。

二、投标人须知及评标办法中的下列内容须在前附表中进行修改:

1. 投标人须知前附表

条款号	条 款 名 称	编 列 内 容
1.4.1	投标人资质条件、能力及信誉	主要人员要求:见附录 1

2. “投标人须知”第 1.4.1 项修改为:投标人应是收到招标人发出投标邀请书的单位。投标人拟投入本项目的主要人员还应满足“投标人须知前附表”规定的要求(如有)。

3. 删除“投标人须知”第 1.4.2 ~ 1.4.3 项。

4. “投标人须知”第 3.5.1 项修改为:投标人应按本项目资格预审文件中的资格审查条件、“投标人须知”第 1.4.1 项规定的相关要求以及招标文件第六章“投标文件格式”中规定的表格内容填写资格审查表,并按各资格审查表的具体要求提供相关证件及证明材料。尽管评标委员会在评标阶段不再对投标人在资格预审阶段已通过审查的各项资格条件进行再次审查,但投标人在资格审查表中填写的内容将作为综合评分的重要依据。

5. “评标办法前附表”第 2.2 款修改为:投标人的主要人员资格符合第二章“投标人须知前附表”附录 1 的规定,并且未更换通过资格审查时填报的项目负责人。

6. “评标办法前附表”第 2.3 款(5)项修改为:投标人以联合体形式投标时,投标人提供了资格预审申请文件中所附的联合体协议书复印件。

投标人须知前附表

附录1　资格审查条件(主要人员最低要求)①

人　　员	数　量	资格要求
项目负责人		
工程地质勘察分项负责人		
工程造价分项负责人		
××专业分项负责人		
××专业分项负责人		
……		

三、招标人编制项目招标文件时，还应修改《招标文件范本》其他相关内容。

① 主要人员应包括项目负责人、分项负责人等，其中对项目负责人的要求应与资格预审文件中提出的资格审查条件一致；对其他主要人员的最低要求，由招标人在满足国家相关法律、法规前提下，根据招标项目具体特点和实际情况确定，但不得设置过高的资格条件。一般只要求提供一个类似项目业绩。